Dis Pourquoi ?

C'EST PAS SORCIER

Frédéric Bosc
Grégoire Mabire • Fabrice Mosca

DEUX COQS D'OR

Directrice : Sarah Koegler-Jacquet
Directrice de projets : Sandra Berthe
Graphiste : Mylène Gache
Éditrice : Elsa Hug
Fabrication : Morgane Lajeunesse

Création de maquette : Florent Salaün
Suivi éditorial et mise en pages : Amstramgram
Lecture-correction : Agnès Scicluna

Auteur : Frédéric Bosc
Auteur des jeux : Amstramgram
Illustrateurs : Grégoire Mabire, Fabrice Mosca

58, rue Jean Bleuzen – 92178 Vanves Cedex.

Dépôt légal : novembre 2020 – Édition 02.
Imprimé en France par Pollina. Achevé d'imprimer
en mai 2021 - 98111.
Loi n° 49-956 du 16 juillet 1949 sur les publications
destinées à la jeunesse.

SOMMAIRE

Les animaux du MONDE

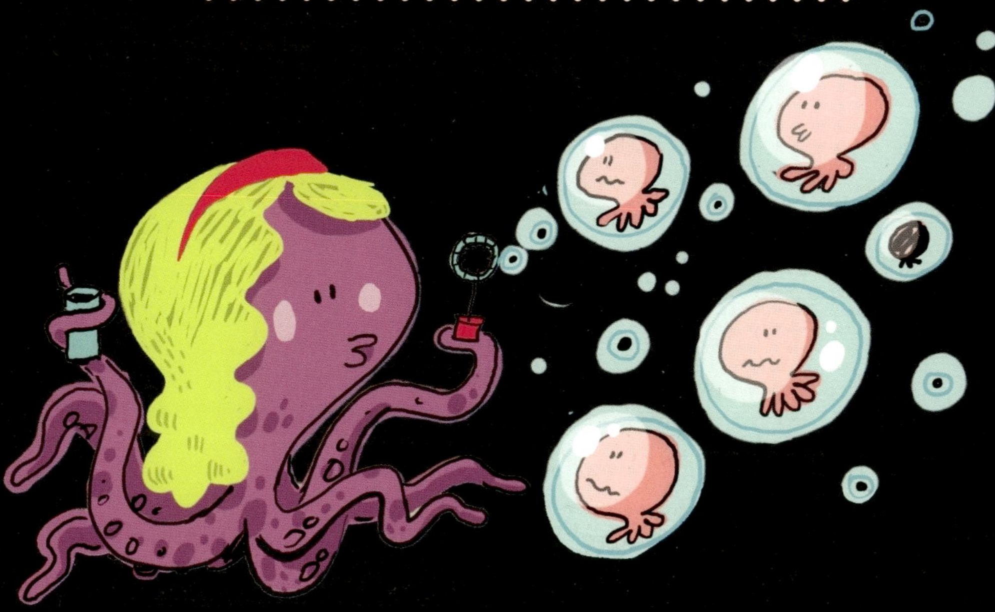

Pourquoi l'ornithorynque est-il un drôle de mammifère ?

L'ornithorynque est un drôle d'animal : **c'est un mammifère, mais il pond des œufs** ! Son bec ressemble beaucoup à celui d'un canard, sa queue à celle d'un castor. Quant à son corps, il est couvert d'une fourrure brune à la texture très douce, qui était très recherchée au XIXe siècle (mais la chasse à l'ornithorynque est interdite depuis environ cent ans).

Pourquoi le cormoran garde-t-il souvent les ailes écartées lorsqu'il est au sol ?

Le cormoran est un excellent pêcheur (dans le sud de la Chine, par exemple, il est spécialement dressé pour rapporter du poisson dans son gosier, enserré dans un collier qui l'empêche d'avaler sa proie).
Pour lui permettre de plonger et de nager plus facilement dans un étang ou une rivière, **son plumage retient l'eau et se gonfle**.
Une fois revenu sur la terre ferme, **pour se sécher, l'oiseau est donc obligé de garder les ailes écartées**, exposées au soleil et à la chaleur.

Les poules peuvent-elles voler ?

Oui, mais uniquement sur quelques mètres : par exemple, pour aller se poser sur un muret ou un perchoir. En effet, **la poule fait partie des oiseaux** – comme les autruches – qui, au fil de leur évolution, ont perdu leur capacité à voler haut et longtemps. Plus exactement, en domestiquant la poule, voici quelques millénaires, l'homme s'est employé à « fabriquer » un oiseau dodu et malhabile, incapable de lui échapper !

Pourquoi la mangouste ne craint-elle pas (trop) le cobra ?

Face au cobra, dont le venin est pourtant redoutable, la mangouste dispose de plusieurs atouts. **La fourrure et la peau épaisses** de ce petit mammifère carnivore le protègent des attaques du serpent. Si elle est quand même mordue, **la mangouste est en partie immunisée**. En outre, elle est très vive et réussit souvent à planter ses crocs dans le reptile (elle s'en prend à sa tête). Bref, quand les deux bêtes s'affrontent, la mangouste a de bonnes chances – mais pas toujours – de remporter la partie !

Quels sont les animaux les plus nombreux sur terre ?

Les insectes. Et de loin ! On estime qu'**environ 3 animaux sur 4 sont des insectes**. Il en existe au moins 1 million, dont plusieurs centaines de milliers de coléoptères (scarabées, coccinelles, hannetons, etc.). Certains scientifiques pensent qu'il y en a même plusieurs millions !

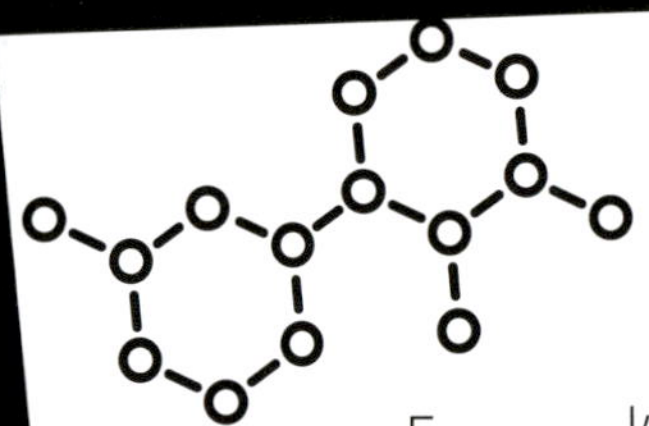

Pourquoi les fourmis peuvent-elles survivre à une inondation ?

En cas d'inondation, les fourmis s'organisent au mieux pour assurer la survie de leur groupe. **Elles s'agglutinent les unes aux autres et fabriquent une sorte de radeau vivant** en plaçant à sa base les larves et les pupes (les fourmis au stade intermédiaire entre la larve et l'adulte). En effet, ces jeunes flottent mieux que les adultes. 3 ou 4 couches de fourmis ouvrières prennent place au-dessus, avec, au sommet et au centre, la reine, qui est ainsi hors d'atteinte de l'eau. En Amazonie, certaines espèces de fourmis peuvent se laisser dériver pendant plusieurs mois !

Pourquoi l'hippocampe est-il un drôle de poisson ?

Avec sa tête allongée (il se sert de sa bouche comme d'une paille) et bien qu'il ne possède pas de pattes, **l'hippocampe ressemble beaucoup à un petit cheval**. D'où son nom qui, en grec, signifie « cheval-poisson ». Pourtant, il est bel et bien un poisson. D'ailleurs, il se déplace à l'aide d'une nageoire qu'il porte sur le dos. Chez les hippocampes, **c'est le mâle, et non la femelle, qui porte les œufs** dans une poche ventrale.

Pourquoi le dodo a-t-il disparu ?

Il vivait autrefois bien tranquille à l'île Maurice, dans l'océan Indien. **Puis les Européens ont débarqué sur son île, au XVIe siècle, et l'ont chassé**, d'autant plus facilement qu'il ne savait pas voler et était plutôt balourd ! Le dernier oiseau de son espèce est mort au XVIIe siècle, à une date inconnue.

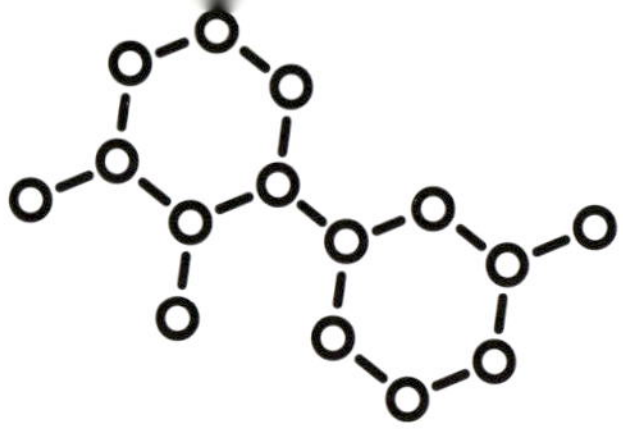

Pourquoi les araignées ne restent-elles pas prisonnières de leur toile ?

La plupart des araignées piègent leur proie à l'aide d'une toile faite d'un fil de soie recouvert d'une sorte de colle. **Or, les pattes de la prédatrice sont enduites d'une substance grasse, qui lui permet de ne pas adhérer à ce fil.** Cela évite à l'araignée d'être prise à son propre piège !

De quel animal la vache descend-elle : du bison, de l'aurochs ou du buffle ?

La vache a été domestiquée il y a environ 10 500 ans. À cette époque, probablement au Proche-Orient, **l'homme apprit à sélectionner les aurochs les plus faciles à approcher**. Ce ne fut probablement pas simple, car cet animal était sauvage et imposant : le mâle pouvait atteindre 2 m au garrot ! Peu à peu, les éleveurs « fabriquèrent » un animal au caractère relativement doux et d'une taille plus petite que celle de ses ancêtres. Il existe aujourd'hui des centaines de millions de vaches, mais les derniers aurochs ont disparu au XVIIe siècle.

Quel nom de dinosaure signifie en latin « roi des lézards tyrans » ?

C'est le tyrannosaure. Apparu à la fin du crétacé, il y a environ 70 millions d'années, il a disparu 5 millions d'années plus tard, en même temps que tous les autres grands dinosaures. Il mesurait environ 5 m de haut et 12 à 13 m de long. C'était un carnivore : ses dents, impressionnantes, se renouvelaient au bout de quelques années, afin de pouvoir déchiqueter ses proies, qu'il s'agisse ou non d'autres tyrannosaures !

Pourquoi le taureau fonce-t-il sur la cape rouge agitée par le matador ?

À l'image de beaucoup de mammifères, **le taureau distingue mal les couleurs**. Comme celle de l'homme, la rétine de cet animal possède des bâtonnets qui lui permettent d'être sensible à la lumière. Mais, contrairement à celle de l'être humain, elle ne contient que peu de cônes, indispensables à la vision des couleurs. Dans l'arène, le matador pourrait tout aussi bien agiter une cape blanche, verte, bleue ou jaune, cela ne changerait rien. **C'est parce qu'on secoue un tissu devant lui** que le taureau fonce dessus, tête baissée !

Les requins, seigneurs des océans

Le requin est apparu voici environ 420 millions d'années. Depuis cette époque, plusieurs espèces ont disparu et ne sont connues que par des fossiles. Mais il demeure, à ce jour, **environ 400 espèces** de requins dans le monde.

1 Combien pèse un grand requin blanc ?

A. Environ 500 kg

B. Environ 1 000 kg (1 t)

C. Environ 3 t

❷ Où vivent les requins ?
A. Dans les océans Pacifique et Atlantique
B. Uniquement dans les eaux chaudes
C. Dans tous les océans et même parfois des fleuves

❸ Combien d'êtres humains les requins tuent-ils chaque année ?
A. Entre 10 et 20
B. Plusieurs centaines
C. Plusieurs milliers

❹ Quelle est la particularité des dents de requin ?

Réponses page 120

Quel est l'animal terrestre le plus lourd ?

L'éléphant de savane pèse de 6 à 7 t, du moins pour le mâle. Autre animal africain, l'éléphant de forêt est un peu moins lourd : le mâle pèse quelque 5 t. L'éléphant d'Asie, lui, est plus petit. Mais il pèse quand même de 3 à 5 t ! **Le mammouth, une sorte de cousin très velu, disparu pendant la Préhistoire, était sans doute plus lourd** de quelques tonnes que les éléphants actuels. Et rappelons que l'animal le plus volumineux est aujourd'hui la baleine bleue, qui peut peser jusqu'à 200 t !

Pourquoi dit-on que les chats retombent toujours sur leurs pattes ?

Le chat est un animal agile et souple. Lorsqu'il tombe, il a tendance à redresser la tête et à orienter ses pattes de manière à l'aider à bien atterrir. Mais tout cela ne « fonctionne » que lorsque **le chat tombe d'une faible hauteur**. S'il tombe de haut, par exemple d'un étage élevé, l'animal risque fort de se casser une patte, voire de perdre la vie.

Pourquoi l'escargot bave-t-il autant ?

L'escargot avance en rampant à l'aide d'un grand muscle, qui se contracte et s'allonge alternativement. **Pour bien glisser** sur l'herbe, la terre, les graviers, un tronc d'arbre, etc., l'animal fabrique une substance visqueuse, appelée **« mucus »**, qui ressemble à de la bave.

Combien existe-t-il d'espèces d'oiseaux ?

Il existe environ 10 000 espèces d'oiseaux. Tous ces animaux descendent très probablement des dinosaures. La grande majorité vole, mais pas tous. Les oiseaux ont pour points communs de posséder un bec sans dents, des ailes, des plumes et aussi de pondre des œufs. L'usage veut que l'on distingue les oiseaux chanteurs, colombins, coureurs, grimpeurs, échassiers, gallinacés, palmipèdes et rapaces. Le plus petit est le colibri, qui ne pèse que quelques grammes, et le plus lourd l'autruche, dont le poids peut atteindre 150 kg pour le mâle.

De quelle couleur est la langue d'une girafe ?

Plutôt noire, voire bleu foncé, ou plus ou moins violette... On ne sait pas très bien pourquoi la girafe a une langue foncée. **Peut-être est-ce pour que l'animal n'attrape pas de coup de soleil** quand il est occupé à saisir, avec cette langue, les végétaux qui constituent sa nourriture. Très mobile, cet organe se faufile, en effet, entre les feuillages et les branches et est capable de s'enrouler autour des feuilles, écorces, fruits, jeunes épines encore tendres et plantes grimpantes qui forment le menu de la girafe !

Comment le ver luisant produit-il de la lumière ?

Le corps du ver luisant (en fait, ce n'est pas un ver, mais **un insecte**) contient une substance appelée **« luciférine »** (un mot qui vient du latin lux, « lumière »). **Dans certaines conditions, ce composé chimique produit une lueur très vive.** Celle-ci crée peu d'énergie, donc n'émet pas de chaleur : heureusement pour lui, le ver luisant ne se consume donc pas en même temps qu'il s'éclaire !

Pourquoi le colibri est-il un oiseau extraordinaire ?

Le colibri est **le seul oiseau capable de voler en marche arrière et, même, de faire du surplace**. Également appelée « oiseau-mouche », cette petite bête – elle ne pèse que quelques grammes – possède de nombreuses autres caractéristiques. Ses ailes battent si vite que l'homme ne peut les distinguer quand l'oiseau les agite. Par ailleurs, c'est la femelle, et elle seule, qui construit le nid où elle va pondre ! Autre particularité ? Le colibri se nourrit presque exclusivement de nectar !

Quelle quantité de miel une abeille produit-elle durant toute sa vie ?

Très peu. Une abeille (du moins une ouvrière, pas la reine, qui reste dans la ruche pour pondre des œufs) vit entre 1 et 6 mois. Tout au long de sa vie, à la belle saison – il ne butine pas en hiver –, **l'insecte produit environ 1/10e de cuillère de miel**. Bref, il faut pas mal d'abeilles pour remplir un petit pot de miel !

Pourquoi le koala ne boit-il (presque) jamais ?

Le koala se nourrit exclusivement de feuilles d'eucalyptus. En principe, **l'eau contenue dans ces feuilles suffit à le désaltérer**. Selon la langue des Aborigènes d'Australie, le nom de cet animal à fourrure signifie « qui ne boit pas ». Reste que, en cas de très forte chaleur, cette petite bête peut cependant éprouver le besoin de boire de la « vraie » eau !

Pourquoi appelle-t-on aussi le lamantin « vache de mer » ?

Parce que **ce mammifère passe une grande partie de son temps à brouter des algues, comme une vache dans un pré**. Le lamantin consacre 6 à 8 heures de sa journée à manger les racines, les tiges et les feuilles de plantes aquatiques. Or, cette nourriture avalée en quantité (plusieurs dizaines de kilos par jour !) est abrasive, c'est-à-dire qu'elle use les dents du lamantin. Heureusement pour l'animal, celles-ci se renouvellent en permanence.

Qu'y a-t-il à l'intérieur des bosses du chameau ?

Contrairement à ce que l'on croit habituellement, les bosses du chameau ne sont pas des réservoirs d'eau. **Elles constituent des réserves de graisse.** Lorsque l'animal ne peut pas manger à sa faim (ce qui arrive souvent dans des déserts), son corps puise ce dont il a besoin dans ces réservoirs, qui accumulent chacun **11 à 12 kg de graisse.** Le chameau peut ainsi survivre plusieurs jours, sans aucun problème. L'animal reconstitue ces réserves lorsque, enfin, il trouve des végétaux à consommer.

Qui a les plus grandes oreilles : l'éléphant d'Asie ou l'éléphant d'Afrique ?

L'éléphant d'Afrique. Ses oreilles l'aident à lutter contre les grandes chaleurs. **Véritables éventails géants**, elles lui permettent de maintenir son corps à une température constante. L'éléphant d'Afrique peut également agiter ses oreilles avant de charger un adversaire, de manière à l'intimider. L'animal qui vit dans la forêt africaine a des oreilles, en principe, plus petites et plus rondes que celles de son proche cousin, l'éléphant africain de la savane.

Pourquoi la coccinelle se fait-elle parfois saigner ?

Pour faire fuir un prédateur. Quand survient un animal qui la menace (fourmi, mante religieuse, petit rongeur, etc.), **la coccinelle adulte réussit à faire saigner ses articulations**. Le liquide ainsi expulsé possède une odeur désagréable, capable de faire déguerpir l'ennemi. Outre la coccinelle, de nombreux autres insectes font de même pour se protéger. Parmi eux, la sauterelle et un coléoptère justement surnommé… « le crache sang » !

Pourquoi les bébés poulpes sont-ils tous orphelins (de mère) ?

Car la maman poulpe meurt, en général, peu après la ponte. Lorsque la femelle pond les œufs, ils sont organisés en de longs cordons comprenant chacun entre 2 000 et 3 000 individus – ce qui représente au total **100 000 à 500 000 œufs**. Pendant plusieurs semaines, la mère pieuvre prend soin d'eux et les nettoie, tout en cessant de s'alimenter. **Elle meurt peu après l'éclosion de ses œufs**, très fatiguée et amaigrie !

Existe-t-il encore des animaux inconnus ?

Oui, bien sûr. Et même beaucoup : au moins plusieurs centaines de milliers – et il faudra sans doute des centaines d'années pour en dresser la liste ! Car la très grande majorité des espèces animales reste encore à découvrir ! En d'autres termes, **il y a bien plus d'espèces encore inconnues que d'espèces connues à ce jour**. La faune qui vit dans les profondeurs des océans (crustacés, mollusques, poissons, etc.) en particulier est mal connue. De même que celle des profondes forêts d'Amérique du Sud et d'Afrique. En Asie du Sud-Est vivent aussi sans doute plusieurs espèces de mammifères non encore répertoriés.

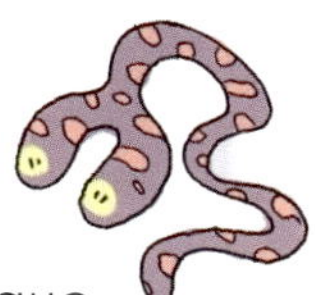

Combien mesure le plus grand des requins ?

Le requin-baleine peut atteindre jusqu'à 20 m de long (dans ce cas, son poids est d'environ 34 t). Mais ce genre de monstre, qui vit dans les eaux chaudes, est assez rare (habituellement, cet animal mesure entre 4 et 15 m – ce qui n'est pas si mal !). C'est, du reste, le plus grand des poissons répertoriés à ce jour. À titre de comparaison, **la baleine bleue, qui est le plus gros animal vivant, peut faire plus de 30 m de long** et peser jusqu'à 200 t.

Le corps HUMAIN

L'intelligence dépend-elle de la taille du cerveau ?

Pas du tout ! L'intelligence dépend, pour schématiser, **du nombre de connexions reliant entre eux les neurones** (cellules nerveuses). Le poids du cerveau ne fait rien à l'affaire. Par exemple, celui d'Albert Einstein, un des scientifiques les plus brillants de tous les temps, était plus petit que la moyenne. De même, le cerveau de l'écrivain Anatole France ne pesait guère plus de 1 kg, alors que **le poids moyen d'un tel organe est, en principe, d'un peu plus de 1,3 kg**.

Pourquoi a-t-on des grains de beauté ?

Souvent, un grain de beauté apparaît après des expositions au soleil répétées et prolongées. Se protéger du soleil en limite donc l'apparition ultérieure. **Un grain de beauté est constitué d'un regroupement de cellules pigmentaires** (celles qui donnent sa couleur à la peau, plus ou moins foncée, rosée ou cuivrée selon les individus). Beaucoup ne présentent aucun danger. Mais certains doivent être surveillés par un médecin, surtout quand ils changent de forme ou de couleur.

Pourquoi a-t-on les larmes aux yeux lorsqu'on mange épicé ?

Quand il n'est pas habitué à manger une nourriture épicée, un être humain a tendance à avoir les yeux qui pleurent, le palais qui s'enflamme et le nez qui coule. C'est parce que l'épice a éveillé un mécanisme d'alerte.
Pour chasser « l'intrus », le corps se met à produire des liquides destinés à l'éliminer au plus vite !

Pourquoi a-t-on le hoquet ?

Le hoquet est dû à **une contraction, involontaire et incontrôlable, du diaphragme**, un muscle placé sous la cage thoracique.
Ce phénomène survient souvent après un repas copieux.
Dans la plupart des cas, le hoquet est un réflexe banal (il concerne plusieurs espèces de mammifères) et il cesse spontanément.
Dans d'autres cas, plus ennuyeux, le hoquet peut durer plusieurs heures, plusieurs semaines, voire plusieurs mois. L'intervention d'un médecin est alors nécessaire !

Combien de dents de lait perd-on ?

En principe, l'être humain perd **20 dents de lait** au total : 8 incisives, 4 canines et 8 molaires. Il arrive qu'un bébé vienne au monde avec 1 ou plusieurs dents, mais c'est assez rare. Le plus souvent, la première, une dent de lait, apparaît à partir de l'âge de 6 mois. Les dents de lait percent les unes après les autres. **Elles commencent à tomber vers l'âge de 6 ans**, et ce phénomène dure en général pendant cinq à six ans.

Pourquoi les hommes ont-ils une pomme d'Adam ?

En fait, les femmes et les hommes ont tous une petite bosse en haut de la gorge. Mais ce renflement fait de cartilage est plus prononcé chez l'homme. Lors de la puberté, le garçon produit de la testostérone de façon bien plus importante que l'adolescente. Cette hormone commande alors à certaines parties du corps de se développer, comme la pomme d'Adam. **Cela augmente la dimension des cordes vocales et donne au garçon une voix grave.**

En moyenne, combien de temps passe-t-on à dormir, au cours de sa vie ?

Environ un tiers de sa vie. Tous les êtres humains ne sont pas égaux en ce qui concerne le sommeil. Certains ont besoin de beaucoup dormir (jusqu'à 10 heures). D'autres se contentent d'un sommeil de 5 à 6 heures et ne sont ni fatigués ni somnolents pour autant. **En moyenne, une personne dort 115 jours par an.**

Peut-on attraper des poux en toute saison ?

Oui, même si, pour ce qui est des enfants, c'est surtout lorsqu'ils sont à l'école qu'ils ont tendance à attraper des poux. Par exemple, en échangeant leurs bonnets ou en approchant leurs têtes lors de jeux. Cela dit, ce n'est pas grave et ne constitue pas un drame. Certes, il est parfois long et difficile de se débarrasser de ces petites bêtes, mais on y parvient toujours !

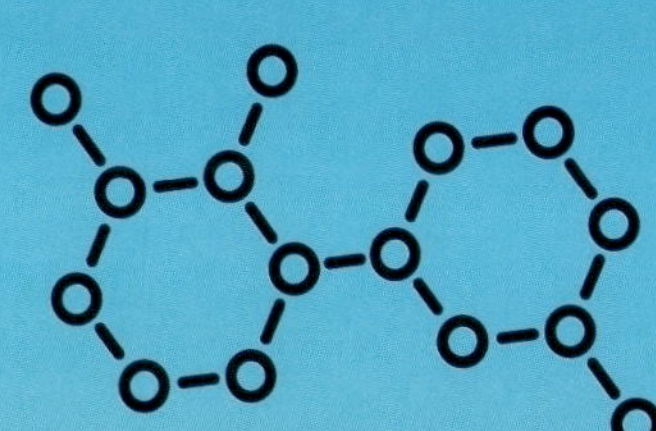

Pourquoi du brouillard sort-il de la bouche quand il fait froid ?

À chaque respiration, les poumons rejettent, par la bouche ou par les narines, une fine vapeur d'eau tiède. En général, celle-ci est invisible à l'œil nu. Quand il fait froid, **sous l'effet de la différence entre la température du corps et celle de l'air ambiant, cette vapeur se transforme en une sorte de nuage** formé de très fines gouttelettes d'eau.

Entend-on mieux quand on a de grandes oreilles ?

Non, la grandeur de l'oreille ne fait rien à l'affaire. Avec l'âge, les oreilles poussent (comme le nez !) en moyenne de 1 cm en 50 ans – ce phénomène concerne davantage les hommes que les femmes. Or, **l'ouïe baisse lorsqu'on vieillit**. Ainsi, quand on est vieux, on a tendance à avoir des oreilles plus grandes que quand on était jeune et à moins bien entendre...

Pourquoi dit-on que manger du poisson rend intelligent ?

On a longtemps cru que c'était parce que le poisson est riche en phosphore. Mais, en fait, cet élément est présent dans de nombreux autres aliments : par exemple, les œufs, les fruits secs, les lentilles, le soja, les produits laitiers, etc. Si le poisson, surtout celui qui vit dans les mers froides, est bon pour le cerveau, **c'est sans doute parce qu'il contient des oméga-3 et des acides gras** dont l'organisme en général – et le cerveau en particulier – a grand besoin.

Pourquoi a-t-on la chair de poule ?

Quand on a peur ou que l'on a froid, le corps s'adapte et réagit. **Le cerveau « ordonne » aux petits muscles qui se trouvent à la base des poils de se contracter pour se redresser.** La couche d'air dès lors retenue juste au-dessus de la peau crée une isolation naturelle. Ce qui réchauffe (un peu) quand il fait froid et redonne (un peu) de courage quand le danger rôde !

Chez l'homme, la digestion désigne **le processus durant lequel les produits alimentaires, qu'ils soient végétaux ou animaux, sont préparés et transformés en nutriments**, afin de permettre au corps de se développer puis de bien fonctionner.

❶ Remets dans l'ordre le chemin suivi par les aliments :

A. intestin grêle
B. gros intestin
C. œsophage
D. estomac

2 Lequel est le plus long : l'intestin grêle ou le gros intestin ?

3 À quoi sert l'estomac ?
A. Il broie les aliments.
B. Il sécrète de la bile.
C. Il répartit les nutriments dans le corps.

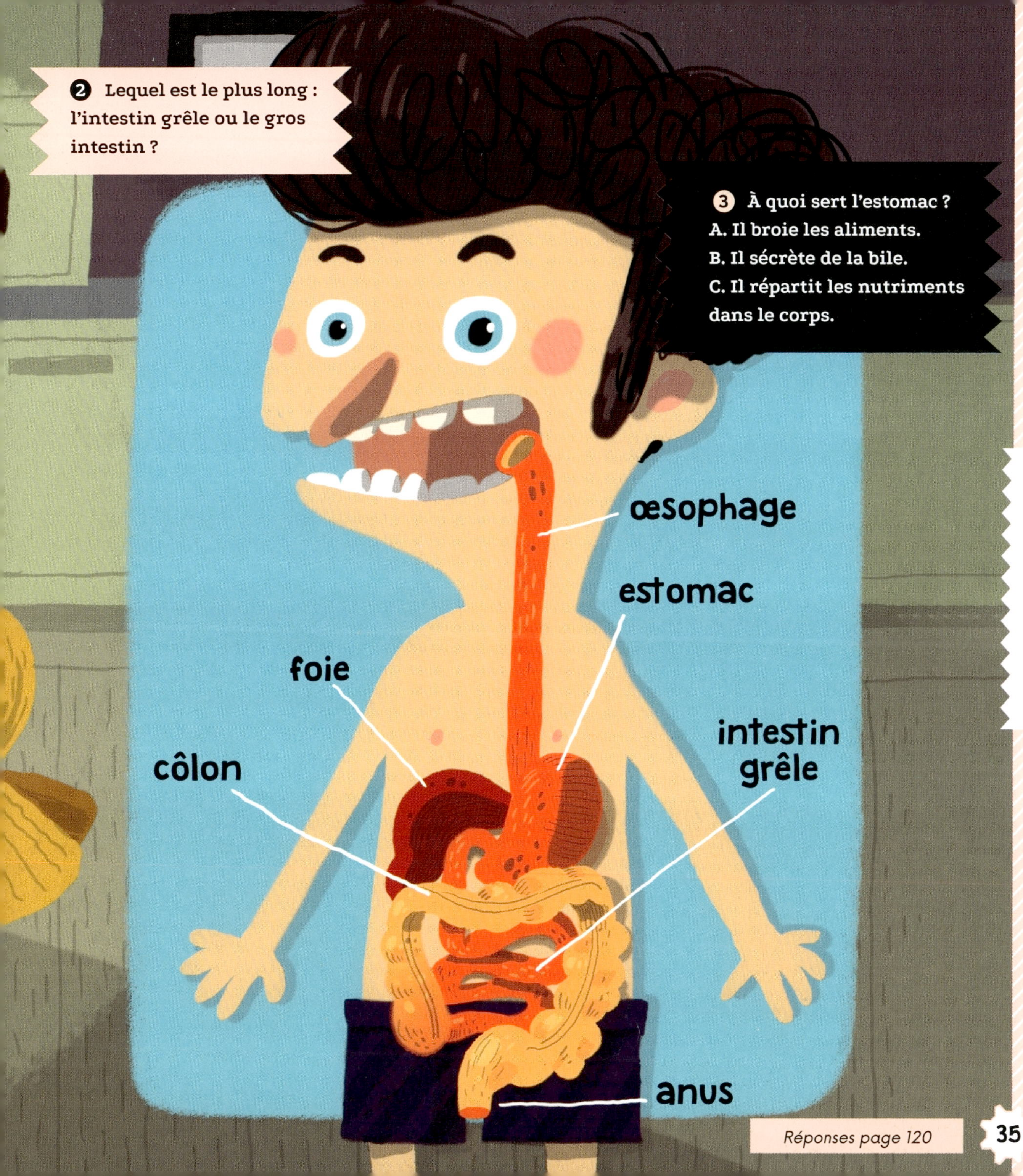

Réponses page 120

C'est quoi les protéines ?

Présentes dans la plupart des aliments, les protéines sont, avec les lipides et les glucides, les principaux éléments que doit comprendre une alimentation équilibrée. **Ce sont elles qui permettent aux muscles de se développer.** Les protéines peuvent être **d'origine animale** (on en trouve dans la viande, le poisson et les œufs) **ou végétale** (dans des légumineuses comme les lentilles, des céréales comme le maïs, ou des fruits secs comme les amandes). Le sucre ne contient que des glucides, et l'huile uniquement des lipides.

Combien de litres de sang le corps d'un adulte contient-il en moyenne ?

La quantité de sang contenu dans le corps humain dépend du poids de chaque individu. Un enfant en possède environ 3 L. **En moyenne, 4 à 5 L de sang circulent dans les artères et les veines du corps d'une femme** (auxquels il faut ajouter 1 ou 2 L si elle est enceinte). **Quant à l'homme, son corps contient en moyenne entre 5 et 6 L de sang.**

Pourquoi notre peau rougit-elle si on touche une ortie ?

L'ortie possède des feuilles et une tige presque entièrement recouvertes de poils. Ces derniers, à peine visibles à l'œil nu, sont terminés par une pointe très dure. Celle-ci se casse à la moindre occasion et **se plante dans la peau afin d'y injecter deux substances, qui provoquent rougeurs et démangeaisons** ! Heureusement, elles disparaissent en peu de temps. Une fois desséchée ou quand elle est cuite, l'ortie perd ce pouvoir urticant. Elle est même délicieuse, accommodée en soupe !

À quoi servent les reins ?

Les reins servent à éliminer les déchets toxiques que produit l'organisme et qui sont transportés par le sang. **Ils permettent également de maintenir l'équilibre du corps en matière de liquide, en évacuant l'urine.** Ils veillent, par ailleurs, au bon dosage des minéraux nécessaires au fonctionnement de l'organisme, comme le chlore, le potassium et le sodium. Enfin, ils produisent ou transforment des enzymes, des hormones et des vitamines.

Pourquoi fait-on moins pipi quand on fait du sport ?

Quand on fait du sport, la température du corps augmente et **on transpire**. C'est ainsi que l'organisme élimine : **on n'a plus envie d'uriner**. Bien entendu, ce mécanisme est encore plus marqué quand il fait chaud. Dans le même temps, **en cas d'effort, les reins le « savent » et s'adaptent**. Ils éliminent moins d'urine, sans doute pour permettre au corps de conserver une hydratation minimale.

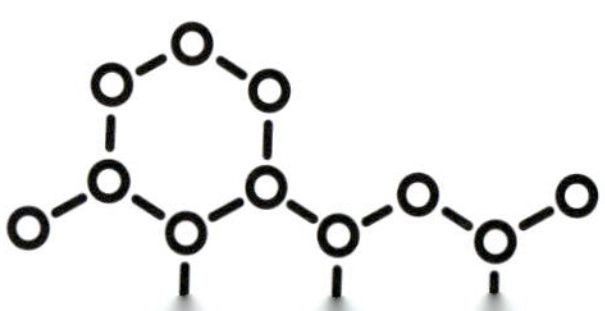

Quel est l'os le plus long du corps humain ?

Le fémur : il représente environ un quart de la hauteur totale du corps humain. Il est aussi le plus solide et le plus épais. Il joue un grand rôle : c'est grâce à lui que l'être humain peut se tenir debout, marcher et courir, voire sauter. En dépit de sa grande robustesse, il peut cependant se casser en cas de choc violent, comme la plupart des autres os du squelette.

Pourquoi fait-on des rots et des prouts ?

Rots, ballonnements, prouts… tous **ces petits désagréments sont dus à la présence d'air dans l'appareil digestif**. Cet air cherche à s'échapper en passant par le haut ou par le bas. Cela produit parfois des gargouillis plus ou moins sonores. Pour les éviter, mieux vaut ne pas boire de boisson gazeuse, ni mâcher de chewing-gum, et limiter certains aliments comme le chou ou les haricots blancs !

Quelle quantité de salive produit-on chaque jour ?

En moyenne, un être humain produit **1,5 L de salive chaque jour**, soit une grande bouteille d'eau minérale ! Ce qui, rapporté à une année, correspond à un peu plus de 547 L de salive ! Il faut savoir que mastiquer (par exemple, un chewing-gum) permet de multiplier par 3 la production de salive. Outre **un rôle antiseptique** (elle empêche le développement des virus et des bactéries), la salive permet, entre autres, d'**humidifier l'intérieur de la bouche** et de **préparer les aliments afin de faciliter leur digestion**.

Qu'est-ce qui relie le muscle à l'os, se tend et se détend ?

Il s'agit du tendon, un tissu fibreux qui sert à attacher le muscle à l'os. Plusieurs des tendons du corps humain (ceux des mains, des poignets, des pieds) possèdent une enveloppe. Celle-ci produit un liquide lubrifiant qui rend le mouvement plus aisé. Le plus connu des tendons est le talon d'Achille, qui se trouve au-dessus du talon.

Pourquoi rougit-on quand on est gêné ?

C'est un réflexe qui permet au corps de se préparer à un affrontement, à une difficulté, à un problème passager. Jadis, nos ancêtres rougissaient en cas de danger. Nous avons gardé ce mécanisme, qui se déclenche pour une simple contrariété ou lors d'un moment de stress. Dans ce cas, pour aider le cerveau à mieux réfléchir, le cœur bat plus vite et le sang arrive en masse dans les vaisseaux du visage, du cou et du haut de la poitrine.

Combien de muscles la langue possède-t-elle ?

La langue est un organe qui sert à manger, à avaler et à parler. Elle possède au total **17 muscles**, dont 16 forment des paires. Ces muscles servent, entre autres, à tirer la langue, à l'abaisser, à la rétracter ou à la relever, à sucer ou à avaler, etc. **La langue permet aussi de sentir le goût, grâce à ses papilles gustatives.**

Les ongles poussent-ils toujours à la même vitesse ?

Pas du tout. **Ceux des orteils poussent entre 2 et 3 fois moins vite que ceux des doigts.** Ces derniers croissent de 0,01 mm par jour, soit beaucoup moins que l'épaisseur d'une feuille de papier ! **C'est l'ongle du majeur qui pousse le plus vite**, suivi par ceux de l'index, de l'annulaire, du pouce et, enfin, de l'auriculaire. Par ailleurs, les ongles poussent de plus en plus lentement à mesure que l'on vieillit.

La Terre et L'UNIVERS

Pourquoi les abeilles sont-elles en danger de nos jours ?

Cet insecte est sans doute surtout **victime de pesticides et d'engrais** utilisés par certains agriculteurs. Il serait aussi la cible de deux animaux venus d'Asie : un acarien et un frelon. En outre, l'abeille est probablement menacée par diverses sortes de champignons, ainsi que par un virus qui la paralyserait.

Pourquoi les météorologues se trompent-ils parfois ?

Les paramètres à prendre en compte sont très nombreux – il faut d'abord relever la pression, les températures, la vitesse du vent, observer les nuages, le temps qu'il fait, etc. Ensuite, il convient d'analyser et de traiter ces informations. À partir de là, le météorologue établit des prévisions. **Ce travail est si complexe** que, parfois, même avec des ordinateurs de plus en plus puissants et des programmes de plus en plus perfectionnés, ces prévisions peuvent êtres fausses !

À quelle période assiste-t-on aux marées les plus fortes ?

La marée est due à l'attraction que la Lune et le Soleil exercent sur la Terre. L'eau de l'océan est alors comme aspirée, et notre planète prend la forme d'un ballon de rugby. Quand la Lune et le Soleil se trouvent sur le même alignement qu'elle, leurs forces d'attraction respectives s'additionnent. La marée est appelée **« marée de vives-eaux »**. Elle est plus importante que lorsque la Lune et le Soleil sont perpendiculaires par rapport à la Terre – ce qui ne provoque que des **« marées de mortes-eaux »**.

Pourquoi la mer Morte s'appelle-t-elle ainsi ?

La mer Morte se trouve au Proche-Orient. C'est une sorte de grand lac situé entre Israël, la Jordanie et la Palestine. **Son eau est beaucoup plus salée que celle des autres mers et des océans. Aucun poisson, aucune algue ne peut y vivre.** En revanche, de petits organismes sont en mesure de s'y développer, comme du plancton.

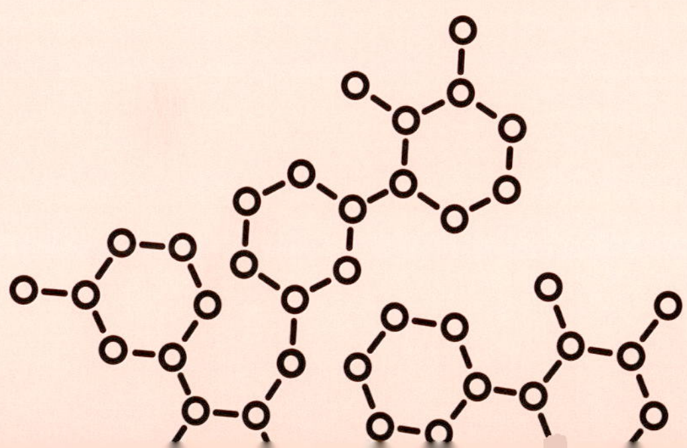

A-t-on la preuve que les extraterrestres existent ?

Non, mais les scientifiques cherchent... En 1972, la sonde américaine *Pioneer 10* a été envoyée dans l'espace, de manière à franchir les limites du système solaire. Elle comportait **un message, sous forme de dessin, destiné à d'éventuels extraterrestres**. Or, à ce jour, ceux-ci n'ont pas encore répondu ! Par ailleurs, les astronomes s'efforcent de trouver, dans l'Univers, des planètes où une forme de vie comparable à celle qui existe sur la Terre pourrait s'être développée.

Quelle plante peut faire rouler les voitures ?

Le tournesol ! Originaire d'Amérique du Nord, il a été apporté en Europe au XVIe siècle. On a l'impression qu'il recherche toute la journée la lumière du soleil. Mais, en fait, ce n'est pas tout à fait cela. Pour simplifier, disons que, en raison de la présence d'une certaine hormone dans sa tige, il s'incline vers le soleil et garde ainsi cette position toute la journée. Ce qui est vrai, c'est qu'**il donne une huile qui peut être consommée ou servir à faire tourner des moteurs** !

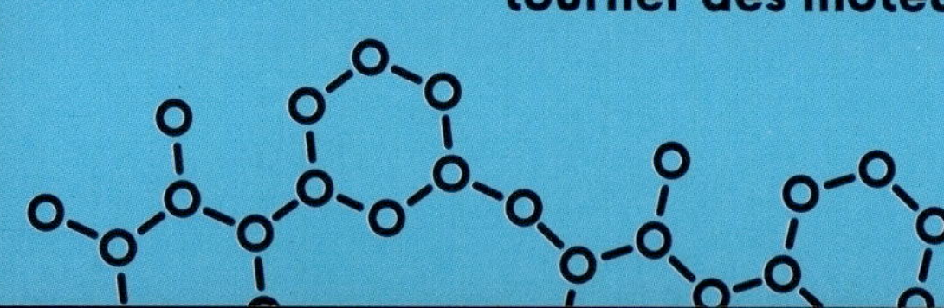

Qu'est-ce que le temps de révolution d'une planète ?

Le temps de révolution désigne le temps que met une planète pour effectuer un tour autour de son astre. La Terre met environ 365,24 jours pour accomplir un tour complet autour du Soleil. Mars, davantage éloignée du même astre, prend un peu plus son temps : elle effectue sa révolution en 1,8 année. La planète Neptune, la plus éloignée du Soleil, accomplit ce voyage en 165 années environ.

Combien pèse la plus grosse météorite jamais retrouvée sur Terre ?

Une météorite est faite de roche ou de métal, parfois des deux. D'origine extraterrestre (de Mars, de la Lune, etc.), elle se désagrège, en principe, quand elle pénètre dans l'atmosphère terrestre. Cependant, certaines météorites atteignent le sol à peu près intactes ou en morceaux. La plus grosse connue à ce jour a été découverte en Namibie (au sud de l'Afrique) en 1920. Surtout constituée de fer, elle est tombée sur Terre il y a sans doute quelques dizaines de milliers d'années. Elle a été peu détériorée au fil du temps et **pèse aujourd'hui environ 60 t**.

❶ Le piton de la Fournaise est-il le seul volcan de La Réunion ?

Le piton de la Fournaise

Le piton de la Fournaise se trouve dans **l'île de La Réunion. C'est l'un des volcans les plus actifs au monde.** Pour cette raison, il est très surveillé, et son accès est réglementé : une éruption est toujours possible !

❷ Combien de cratères trouve-t-on à son sommet ?

A. 1 B. 2 C. 3

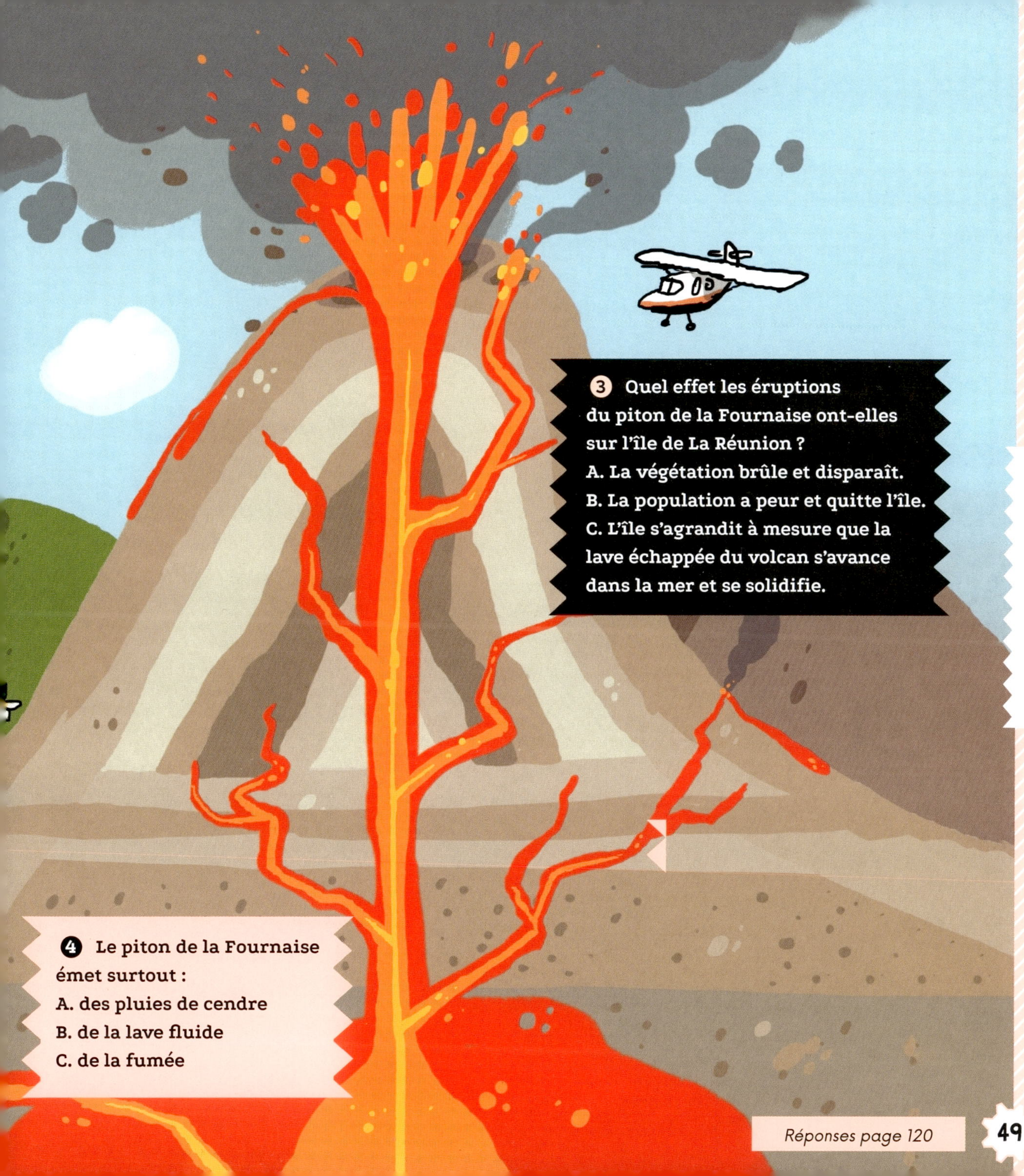

❸ Quel effet les éruptions du piton de la Fournaise ont-elles sur l'île de La Réunion ?

A. La végétation brûle et disparaît.
B. La population a peur et quitte l'île.
C. L'île s'agrandit à mesure que la lave échappée du volcan s'avance dans la mer et se solidifie.

❹ Le piton de la Fournaise émet surtout :

A. des pluies de cendre
B. de la lave fluide
C. de la fumée

Réponses page 120

Quand on parle d'« agriculture bio », que veut dire « bio » ?

On emploie le diminutif « bio » pour biologique. L'agriculture biologique consiste à cultiver des végétaux **sans jamais utiliser de produits issus de la chimie de synthèse** (engrais, pesticides, etc.). Elle s'inspire donc des méthodes de l'agriculture traditionnelle. Elle consiste, par exemple, à alterner les cultures dans le temps afin de permettre à la terre de ne pas s'épuiser, à utiliser des produits ou des organismes naturels (comme des insectes qui en mangent d'autres) pour protéger une culture, à se servir de compost pour fertiliser le sol, etc.

Pourquoi est-il conseillé de laver et/ou peler les fruits et légumes issus de l'agriculture conventionnelle ?

Depuis le XXe siècle, l'agriculture conventionnelle (non biologique) utilise des pesticides, c'est-à-dire des produits chimiques destinés à contrer les maladies et l'action des insectes nuisibles. L'utilisation de ces pesticides est contrôlée. Il reste cependant, dans l'air, dans l'eau des rivières, dans le sol et à la surface des végétaux traités, **des résidus, sans doute mauvais pour la santé**. Il est donc préférable de peler ou de laver les fruits et les légumes avant de les manger !

Combien a-t-on découvert de planètes en dehors du système solaire ?

Grâce à leurs télescopes, les astronomes ont découvert près de **4000 exoplanètes**, c'est-à-dire des planètes situées hors du système solaire. Certaines d'entre elles semblent avoir une température relativement modérée et disposer d'eau sous une forme liquide. Une vie plus ou moins comparable à celle qui existe sur la Terre pourrait s'y développer. Or, à ce jour, aucune activité biologique n'a jamais été détectée sur une autre planète que la nôtre. Mais les chercheurs ont du pain sur la planche : il existerait plusieurs centaines de millions de planètes dans notre galaxie !

Quel âge a le Soleil ?

Le Soleil a environ 4,57 milliards d'années. Pendant encore à peu près le même laps de temps, cette étoile va peu à peu consumer et épuiser ses gigantesques réserves d'hydrogène. Au terme de sa « vie », elle va se dilater, son diamètre s'accroître jusqu'à être 100 fois plus important qu'aujourd'hui. Devenu rouge, le Soleil explosera, puis s'éteindra et se fera tout petit. Ce sera alors une « naine blanche ».

À quoi servent les fuseaux horaires ?

Les fuseaux horaires sont des zones de la surface terrestre, allant d'un pôle à l'autre, **où l'heure est la même**, quelle que soit la position où l'on se trouve **par rapport à l'équateur**. Parfois, ces fuseaux suivent le tracé de la frontière d'un pays, pour que celui-ci ne possède qu'une seule heure légale.

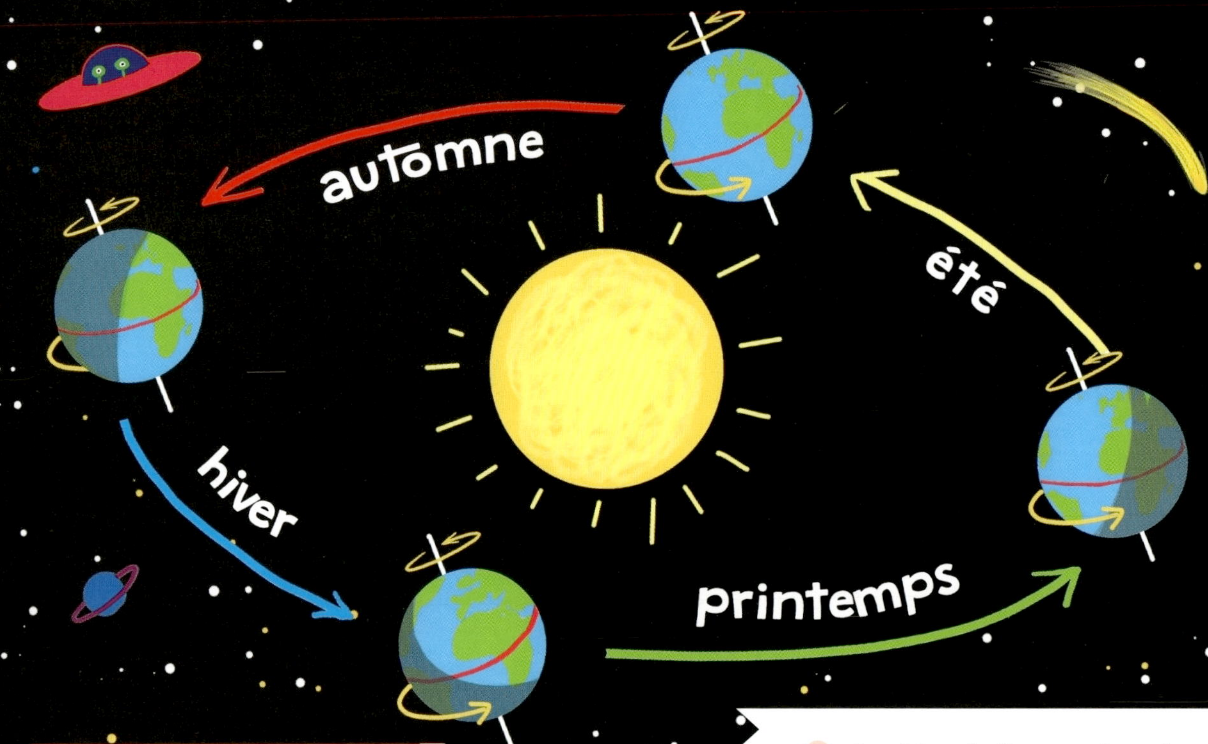

❶ Quelle heure est-il à Pékin quand il est midi à Paris ?

❷ Combien de fuseaux horaires la France possède-t-elle ?

A. 1 B. 2 C. 12

❸ Quand le système des fuseaux horaires a-t-il été mis en place ?

A. Au XVe siècle B. Au XIXe siècle

C. Au XXe siècle

4 Sur quoi est centré chaque fuseau horaire ?

A. Sur un méridien

B. Sur un parallèle

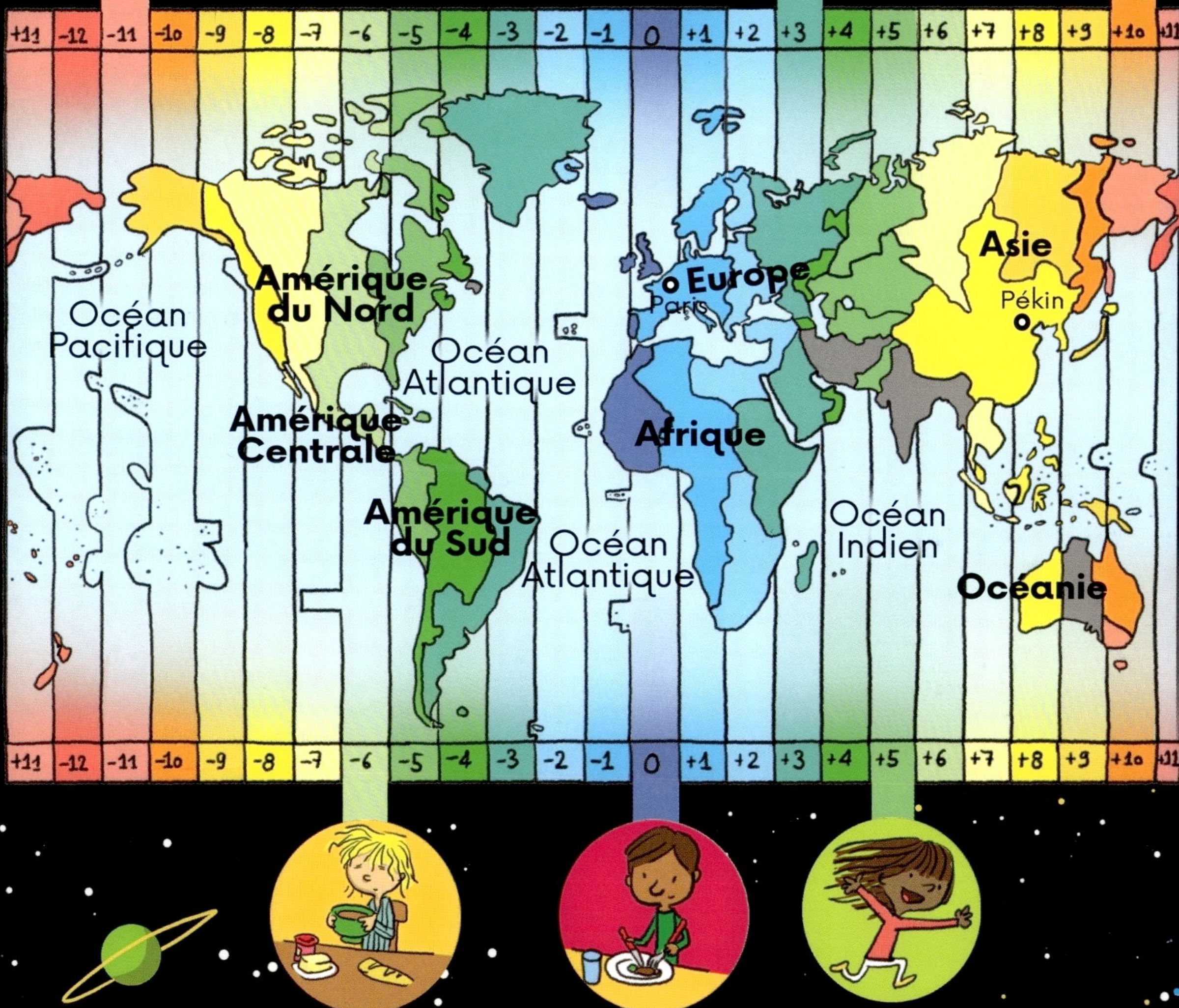

Réponses page 120

Qu'est-ce qu'une aurore boréale ?

Une aurore boréale est **un phénomène lumineux qui se produit dans l'hémisphère Nord** (dans l'hémisphère Sud, on parle d'« aurore australe »). Elle se caractérise par l'apparition dans le ciel, à une altitude comprise entre 100 et 400 km, d'un voile ondulant très coloré, dans lequel le vert est généralement prédominant, mais qui peut aussi comporter du rouge. Comment est-ce possible ? Certaines particules venues de l'espace changent de couleur quand elles s'approchent du champ magnétique terrestre. Une aurore boréale dure plusieurs minutes avant de disparaître.

Où se trouve l'endroit le plus profond jamais observé sur la planète Terre ?

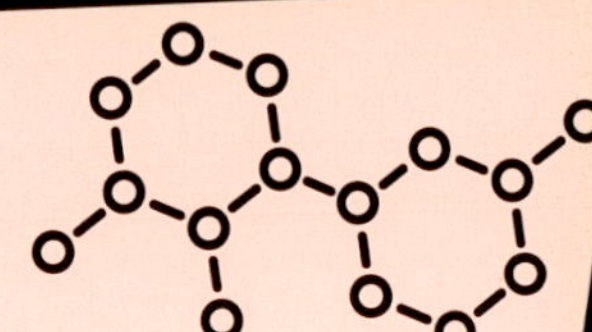

Dans l'océan Pacifique, donc sous l'eau. C'est **le Challenger Deep**, situé au sud du Japon. Il doit son nom à un navire britannique, le *HMS Challenger* (7e du nom) qui réalisa la première mesure de ce gouffre en 1951. La faune qui y vit (dont des bactéries) et la nature des roches de cette fosse sont encore mal connues.

À quoi sert un satellite ?

Il existe des satellites naturels (comme la Lune pour la Terre) ou artificiels (le premier, *Spoutnik*, a été lancé dans l'espace en 1957 par les Soviétiques). Dans ce cas, ils servent par exemple à **prendre des photos de la Terre** depuis l'espace, ou bien à **réaliser des mesures météorologiques**, ou encore à **transmettre des télécommunications**.

Pourquoi la Terre tremble-t-elle parfois ?

Le cœur de la Terre est très chaud. Régulièrement, **cette chaleur cherche à s'échapper** des entrailles de notre planète. Cette activité **provoque des mouvements**. Dans les profondeurs, la roche se déforme sans trop de dégâts. À la surface du globe, elle casse brutalement, le long de failles où se trouvent aussi souvent des volcans. Cela cause des séismes.

Comment les cactus réussissent-ils à pousser dans le désert ?

Contrairement à ce qu'on pourrait penser, **le cactus a besoin d'eau**. Mais il est bien adapté à l'environnement dans lequel il vit et sait se montrer (très) sobre quand il le faut. **Il va chercher l'eau loin dans le sol grâce à ses racines** développées, puis il la stocke dans sa tige très épaisse. Il est aussi parfois recouvert d'une sorte de cire qui l'empêche de « transpirer » (mais il sait capter la rosée !).

Pourquoi Pluton ne fait-elle plus partie des « vraies » planètes du système solaire ?

Jusqu'en 2006, on considérait que Pluton était une planète du système solaire à part entière, au même titre que la Terre ou Neptune. Mais, cette année-là, les astrophysiciens ont rétrogradé ce corps céleste dans la catégorie des **« planètes naines »**. Pourquoi ? Parce que, contrairement aux « vraies » planètes de notre système solaire, composées de roches ou de gaz, **Pluton est faite de glace**, qu'**elle est petite** et que **son orbite ne décrit pas un cercle mais un ovale**. Depuis 2006, le système solaire ne possède donc plus 9, mais 8 planètes.

Quel est l'âge du plus vieil arbre sur terre ?

Pas facile de définir avec exactitude l'âge d'un arbre : celui-ci n'a pas de papiers d'identité ! Selon les connaissances actuelles, le record pourrait être détenu par **un épicéa de Suède**, qui serait âgé, du moins pour ce qui est de ses racines, **de plus de 9 500 ans** ! Jusqu'à la découverte de ce spécimen, le record semblait être détenu par un pin Bristlecone. Cet arbre du Nevada, aux États-Unis, dont l'emplacement est tenu secret afin que les curieux ne viennent pas l'abîmer, a plus de 4 800 ans.

Combien voit-on d'étoiles dans le ciel, à l'œil nu ?

Quand on regarde le ciel, on peut avoir l'impression que le nombre d'étoiles qu'on aperçoit est infini. En fait, on pourrait presque dénombrer les étoiles à l'œil nu. Selon qu'on a une bonne vue ou pas, qu'il y a des nuages, etc., on peut distinguer entre 2 000 et 3 000 étoiles dans chaque hémisphère, soit **au maximum 6 000 au total**.

Fascinantes INVENTIONS

Pourquoi doit-on dire « merci » aux Chinois ?

Ils sont à l'origine de plusieurs inventions qui ont permis à l'homme de mieux vivre. Ils ont ainsi mis au point, dans l'ordre chronologique : **la boussole** (sans doute à la fin du IIIe siècle avant J.-C.), puis **le papier** (probablement à la fin du IIe siècle avant J.-C). C'est certainement au VIe siècle après J.-C. qu'ils ont commencé à se servir de la poudre (d'abord dans le cadre d'activités magiques, pour chasser les mauvais esprits). Au XIe siècle, l'empire du Milieu a élaboré **l'imprimerie à caractères mobiles**.

Pourquoi a-t-on inventé des éoliennes ?

Aujourd'hui et en particulier depuis les années 1990, **l'éolienne sert à produire de l'électricité « propre »**, car cette mécanique, actionnée par le vent, n'utilise aucun carburant, ne crée pas de gaz à effet de serre, ni ne produit aucun déchet (Éole est le nom du dieu grec des Vents). En fait, le principe de l'éolienne est ancien : il y a quelques centaines d'années, les moulins des actuels Pays-Bas servaient à pomper l'eau.

Comment font certains avions pour se poser sur l'eau ?

Il existe deux sortes d'hydravions, ces avions qui s'envolent depuis la surface de l'eau puis s'y reposent (« amerrissent ») à l'issue de leur vol. D'une part, **l'hydravion à flotteurs**, dont le fuselage (la partie principale de l'engin) ne touche jamais l'eau. D'autre part, **l'hydravion à coque**, dont la partie basse se pose sur les flots. Certains appareils constituent une synthèse de ces deux modèles. Tous possèdent des roues pour rouler sur la berge ou sur la rive et gagner un hangar.

Qui a inventé le premier plastique ?

Les plastiques modernes ne datent que du XIXe siècle. À cette époque, **divers chimistes** ont créé des matériaux nouveaux à base de résine d'hévéa (qui permet de fabriquer du caoutchouc) ou d'autres plantes (comme le camphrier), de lait, de pétrole, etc. Au début du XXe siècle, l'Américain **Leo Baekeland** inventa un matériau qui fut appelé… **« Bakélite »** et qui a servi, par exemple, à fabriquer des interrupteurs électriques et des téléphones.

Les premiers dessins animés étaient-ils en couleurs ?

Les tout premiers dessins animés étaient en noir et blanc, comme les autres films. **Mais, dès les années 1920, est apparu un premier procédé permettant de réaliser des dessins animés en couleurs.** Cette technique coûtait cher ; elle ne fut donc guère employée. Il a fallu attendre les années 1930 pour que d'autres soient développées à l'échelon industriel. En particulier, le Technicolor, que Walt Disney a utilisé pour réaliser *Blanche-Neige et les Sept Nains*, un film d'animation sorti en 1937 et qui avait pour autre particularité d'être sonorisé.

Quand le téléphone portable a-t-il été inventé ?

L'ancêtre du téléphone portable est apparu **au début des années 1940**, donc lors du second conflit mondial. Cet appareil, appelé SCR-536, équipait l'armée des États-Unis. Il a cependant fallu attendre les années 1970 pour que l'industrie de ce même pays s'intéresse vraiment à cette technologie. Et c'est dans les années 1980 que le téléphone portable a commencé à se généraliser. Aujourd'hui, quelque 95 % de la population mondiale en possède un.

Dans quel but les Chinois ont-ils inventé la brouette ?

La brouette a été inventée par les Chinois, sans doute au Ier siècle avant J.-C. Elle était alors utilisée en temps de guerre, **pour transporter plusieurs soldats** en même temps, assis dos contre dos, **ou bien lors du ravitaillement**. Vide, elle permettait également à un militaire de se protéger derrière elle en cas d'attaque. Selon l'époque, la brouette chinoise a été munie d'une ou de deux roues. Elle était aussi parfois équipée d'une voile permettant à l'engin de rouler sur une route ou sur une surface gelée, à une vitesse pouvant atteindre 60 km/h !

Pourquoi a-t-on inventé plusieurs claviers (AZERTY, QWERTY...) ?

Avant l'invention de l'ordinateur, on utilisait des machines à écrire mécaniques. À chaque touche du clavier était reliée une tige terminée par une lettre, en métal, qui imprimait sur une feuille en la frappant à travers un ruban encreur. Les touches furent disposées de manière que deux lettres venant souvent à la suite dans un texte soient les plus écartées possibles, pour les empêcher de se cogner l'une contre l'autre. Le « mot » AZERTY correspond au début du clavier français, le « mot » QWERTY à celui du clavier anglais, l'un et l'autre **imaginés pour que les touches aient le moins de chances de se cogner** !

Une éolienne, comment ça marche ?

Une éolienne produit de l'électricité grâce au vent. Celui-ci fait tourner les pales de son hélice (aussi appelée « rotor ») : ce qui crée de l'énergie mécanique. À son tour, l'hélice met en mouvement un alternateur, qui produit de l'électricité.

1 En moyenne, une éolienne permet de fournir de l'électricité (chauffage non compris) à :
A. environ 20 foyers
B. environ 200 foyers
C. environ 2 000 foyers

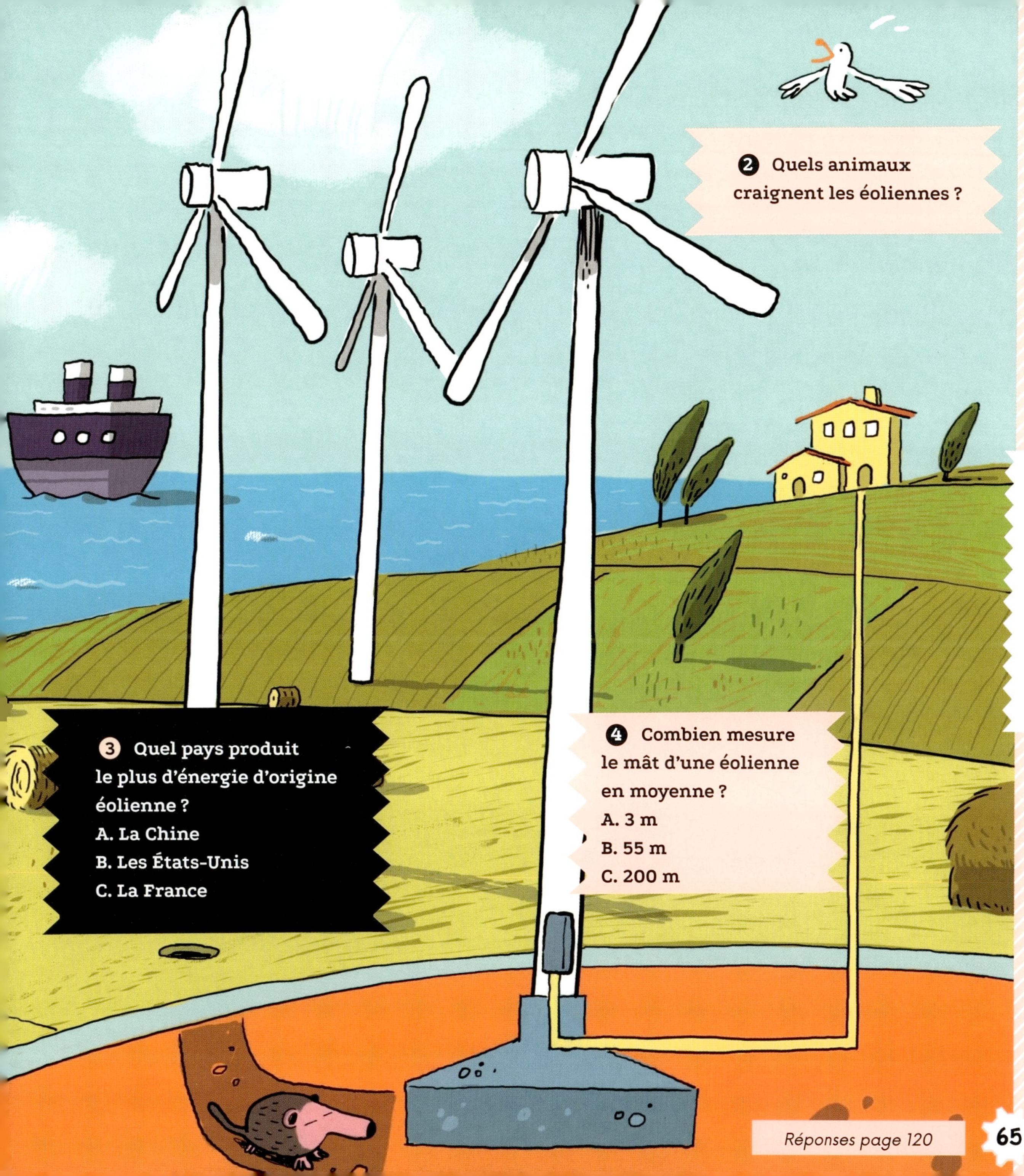

2 Quels animaux craignent les éoliennes ?

3 Quel pays produit le plus d'énergie d'origine éolienne ?

A. La Chine

B. Les États-Unis

C. La France

4 Combien mesure le mât d'une éolienne en moyenne ?

A. 3 m

B. 55 m

C. 200 m

Réponses page 120

Quand la télécommande a-t-elle été inventée ?

La télécommande est apparue dans les années 1950.
La première génération de ce boîtier envoyait un signal lumineux qu'il fallait diriger vers l'appareil à piloter. Mais cette technique coûtait cher et n'était guère efficace. La télécommande à infrarouges, que nous utilisons aujourd'hui, s'est répandue dans les années 1970-1980. Grâce à elle, on peut piloter à distance une télévision, un jouet, une porte de garage, une lampe, etc. De nos jours, le smartphone et la tablette remplacent bien souvent la télécommande.

Qui a inventé l'alphabet latin ?

L'alphabet latin (ou romain) est utilisé dans la plus grande partie de l'Europe, ainsi qu'en Afrique, en Amérique et en Océanie. Il est **l'héritier direct de l'alphabet des anciens Romains**, que ceux-ci ont mis au point du VIIe au Ier siècle avant notre ère. Il avait été inspiré par l'alphabet étrusque, lui-même dérivé de l'alphabet grec ! Ce dernier avait, auparavant, été forgé à partir de l'alphabet phénicien, lui-même probablement **hérité des hiéroglyphes** que les anciens Égyptiens utilisaient dès le IVe millénaire avant notre ère…

Pourquoi Alfred Nobel est-il célèbre dans le monde entier ?

Né en 1833, ce Suédois a étudié la mécanique et la chimie. Dans les années 1880, il a inventé la dynamite, un explosif très puissant dont la mise à feu peut être contrôlée (en grec, *dunamis* signifie « puissance »). Son invention, qui a permis de limiter les accidents, a fait sa fortune. Grâce à elle, il a fondé **les prix Nobel**, qui récompensent chaque année des hommes ou des femmes qui se sont illustrés dans **5 domaines : la physique, la chimie, la physiologie ou la médecine, la littérature et la promotion de la paix**.

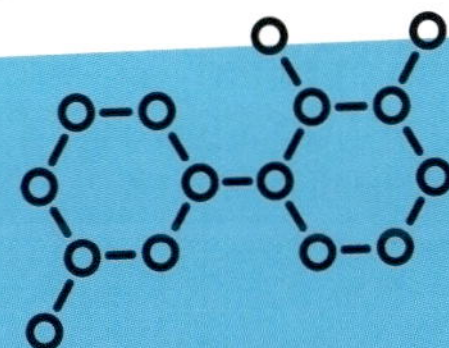

Pourquoi le vélo a-t-il été inventé en deux étapes ?

L'ancêtre du vélo a été inventé en 1816 par un Allemand, le baron Drais von Sauerbronn. Mais **cette « machine à courir » était alors actionnée par les pieds, qui prenaient alternativement appui sur le sol** pour faire avancer l'engin, muni d'un cadre de bois et de deux roues toujours alignées. De perfectionnements en inventions, **les pédales sont apparues dans les années 1860**. Ce fut la véritable naissance du vélo, doté d'un frein puis de garnitures de roues en caoutchouc, à peu près à la même époque.

Pourquoi une balle de golf comporte-t-elle de petites alvéoles ?

Pour mieux « voler ».
À l'origine, les balles de golf étaient faites d'une poche de cuir emplie de plumes compressées. Puis on utilisa du latex. Mais la trajectoire de ces balles était imprévisible. On remarqua qu'une balle à la surface irrégulière volait mieux qu'une balle lisse. Au début du XXe siècle, un ingénieur britannique imagina des alvéoles disposées de manière régulière sur la balle : ce qui diminua la résistance du vent et rendit le projectile **plus aérodynamique**.

Qu'est-ce qui a été inventé en premier : le briquet ou les allumettes ?

Le briquet ! Celui-ci est apparu au Moyen Âge. À l'époque, il était constitué d'une pièce de métal frappée contre un éclat de silex. L'étincelle ainsi produite permettait d'enflammer un peu d'amadou (une matière spongieuse facilement inflammable obtenue à partir d'un champignon, l'amadouvier). Aujourd'hui, la plupart des briquets fonctionnent avec du gaz liquide. **L'allumette** moderne, dite « de sûreté » (car elle ne s'enflamme que si on la frotte contre un grattoir), **a été mise au point au milieu du XIXe siècle**.

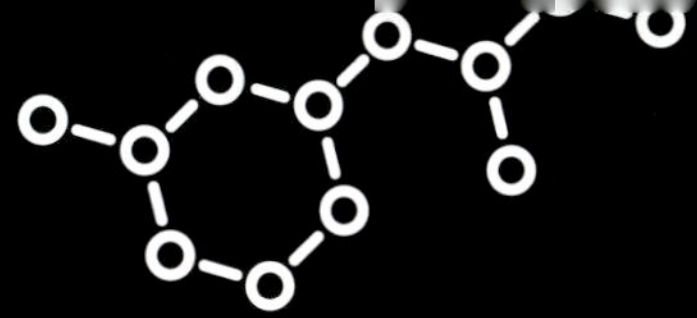

Pourquoi les lunettes ont-elles été inventées tardivement ?

Il semble que les premières loupes, notamment réalisées dans du cristal de roche, ne soient pas apparues avant le Moyen Âge. Aux XIIe et XIIIe siècles, des Italiens mirent au point les premiers verres permettant de corriger certaines anomalies de la vue. **Dans un premier temps, ces verres étaient montés sur des bésicles, qui s'accrochaient sur le nez… mais gênaient la respiration !** Les lunettes munies de branches posées sur les oreilles n'ont été inventées qu'au milieu du XIXe siècle.

Est-ce qu'un GPS fonctionne avec des caméras qui nous filment tout le temps ?

Pas du tout. Le GPS (*Global Positioning System*, « Système mondial de localisation ») **fonctionne grâce à des satellites**. Il a d'abord été réservé aux militaires, avant d'être largement commercialisé. En fait, il échange des signaux radio avec des satellites qui tournent autour de la Terre, à environ 20 000 km d'altitude. Le temps mis par ces signaux pour nous parvenir permet de connaître la distance qui sépare l'émetteur (voiture, alpiniste, bateau, etc.) de chacun de ces satellites. Plus ces derniers sont nombreux, plus on peut cerner avec précision la position de l'émetteur.

Sous-marin en vue !

Depuis Alexandre le Grand, qui serait descendu dans les profondeurs de la Méditerranée à bord d'une sorte de cloche de plongée, jusqu'aux sous-marins nucléaires, **voici au moins 3 300 ans que l'homme tente de concurrencer les poissons** !

1 Qu'est-ce qu'un schnorkel ?

A. Le gouvernail du sous-marin

B. L'hélice du sous-marin

C. Un tube qui dépasse hors de l'eau, servant à alimenter en air les moteurs Diesel du sous-marin

2 Combien de temps un sous-marin reste-t-il sous l'eau en mission ?

A. Deux jours et deux nuits d'affilée

B. Jamais plus d'une semaine

C. Plusieurs semaines

❸ Quelle eau boit-on à bord ?

A. De l'eau contenue dans des citernes

B. L'eau de la mer, mais avec du sucre pour cacher son goût salé

C. De l'eau de mer dessalée

❹ À quoi sert un sonar ?

A. À appeler les hommes d'équipage lors de chaque repas

B. À détecter, entre autres, la proximité d'un autre navire, d'un obstacle, etc.

C. À donner le signal de l'évacuation quand le sous-marin prend l'eau

Réponses page 120

Pourquoi le cardinal de Richelieu est-il à l'origine du couteau de table à bout rond ?

Jusqu'à l'époque de Richelieu, le principal ministre de Louis XIII, on utilisait à table un couteau à tout faire, qui servait par exemple à couper la viande. **Son bout était pointu. Mais les convives en profitaient pour se curer les dents avec la pointe !** Richelieu voulut changer cela : il ordonna que les couteaux de table soient désormais munis d'un bout arrondi.

Qui a inventé le béton ?

La technique du béton, matériau réalisé avec de la chaux, de l'argile, du sable et de l'eau, est très ancienne. Elle était déjà connue **du temps des Égyptiens**, il y a environ cinq millénaires. **Mais ce sont les Romains qui ont perfectionné ce procédé**. Ils ont eu l'idée d'utiliser de **la pouzzolane**, un sable volcanique de Pouzzoles, une ville proche de Naples : ce qui améliorait la solidité de l'assemblage. Grâce à l'emploi de ce mortier, de nombreux monuments romains sont encore en assez bon état.

Comment Alexander Fleming a-t-il découvert le premier antibiotique ?

Les antibiotiques sont des molécules qui permettent de tuer les bactéries ou de limiter leur multiplication, donc de soigner et de sauver bien des vies. La première d'entre elles a été identifiée en 1928 par Alexander Fleming. Or, **cette découverte s'est produite par hasard** ! Un jour, alors qu'il se trouvait dans son laboratoire, ce Britannique s'aperçut que des moisissures tombées dans des boîtes où il cultivait des bactéries empêchaient celles-ci de proliférer. Il appela **« pénicilline »** le principe actif de ces champignons.

Quelle invention a marqué la fin de la Préhistoire ?

Traditionnellement, on considère que la Préhistoire s'achève avec l'apparition de **l'écriture**, au Moyen-Orient, vers 3 500 ans avant J.-C. Mais il faut avoir à l'esprit que celle-ci n'est pas née partout en même temps et que même **de brillantes civilisations** américaines ou africaines **n'ont jamais créé et développé leur propre écriture**. Or, elles ont bien eu une histoire !

Qu'a inventé Louis Braille ?

Louis Braille a vécu au XIXe siècle. Tout petit, il a perdu la vue à la suite d'un accident. C'est pourquoi il a inventé **une technique permettant aux aveugles d'écrire et de lire** des textes, des chiffres, des signes mathématiques et même des notes de musique ! Ce système, toujours utilisé, consiste à perforer une feuille de papier épais de manière à y inscrire **diverses combinaisons comprenant 1 à 6 points**.

Qui a inventé le stylo à bille ?

C'est László Biró, un journaliste hongrois, qui a inventé le stylo à bille en 1938. Ce petit instrument, doté d'une bille qui tourne en bas d'un manche contenant un réservoir d'encre d'imprimerie à séchage rapide, a rapidement concurrencé le stylo à plume. Durant la Seconde Guerre mondiale, les aviateurs britanniques firent un large usage du stylo à bille, qui **fonctionne bien à une haute altitude**. La production industrielle de cet outil très pratique commença dans les années 1950.

Qu'a découvert Isaac Newton en voyant tomber une pomme à ses pieds ?

La loi de la gravitation ou de l'attraction universelle, c'est-à-dire le principe physique selon lequel **tous les objets de l'Univers s'attirent entre eux**. Par exemple, le Soleil attire la Terre, qui attire elle-même la Lune. Reste que **l'anecdote de la pomme, si elle est amusante, est sans doute légendaire**. L'Anglais Newton a découvert la loi de la gravitation parce qu'il était particulièrement intelligent et savant !

Devant quoi les Français passent-ils en moyenne 3 h 46 chaque jour ?

La télévision ! Les premiers essais de télévision datent de la fin du XIXe siècle. Mais, en France, il a fallu attendre les années 1930 pour que les premières émissions soient diffusées. Dans les années 1960, le poste de télévision a commencé à s'installer dans la plupart des foyers de l'Hexagone. **En 2018, plus de 93 % des familles françaises en possédaient au moins un**, majoritairement doté d'un écran plat.

L'Homme dans L'HISTOIRE

Durant quel siècle Molière a-t-il vécu ?

Molière a vécu au XVIIe siècle. Plus précisément, il est né en 1622 à Paris et est mort dans cette même ville en 1673. Il a été quelque temps avocat, mais **il est connu en tant qu'auteur de théâtre et comédien**. Parmi ses principales pièces figurent : *Les Précieuses ridicules*, *L'École des femmes*, *Tartuffe*, *Dom Juan*, *Le Misanthrope*, *L'Avare* et *Le Bourgeois gentilhomme*. Contrairement à ce qu'on croit souvent, Molière n'est pas mort en scène. Certes pris d'un grave malaise alors qu'il jouait la comédie, il a rendu peu après le dernier soupir, à son domicile.

Pourquoi, dans les châteaux forts, la dernière marche des escaliers est-elle souvent plus haute que les autres ?

Pour surprendre et déséquilibrer les assaillants éventuels, qui risquaient fort de rater cette marche, donc de trébucher et de tomber à la renverse ! D'autant que, pour se protéger, ils étaient souvent revêtus d'une armure encombrante.

Pourquoi le football se joue-t-il à onze ?

Le football a été mis au point par des étudiants anglais durant la première moitié du XIXe siècle. À cette époque, les jeunes gens scolarisés dans de prestigieux collèges privés passaient leurs nuits dans **des dortoirs de dix lits**. Dès leur origine, ces équipes de football ont donc compté dix joueurs, non compris **le onzième, le gardien de but… qui n'était autre que le surveillant du dortoir** !

Pourquoi les Britanniques voulaient-ils construire un navire de guerre en glace durant la Seconde Guerre mondiale ?

La marine britannique désirait se doter d'**un navire insubmersible** (qui ne peut pas couler). Il s'agissait de construire **un porte-avions en pâte à papier et en glace**. Celle-ci aurait été spécialement découpée dans la banquise, au Canada. Le navire aurait fait plus de 600 m de long ! Rien ne garantissait vraiment que le projet fût réalisable. En tout cas, il aurait coûté très cher. C'est pourquoi les Britanniques renoncèrent à le mener à bien en 1943, deux ans avant la fin de la guerre.

Pourquoi les Anglais roulent-ils à gauche ?

Napoléon Ier pensait que, pour renverser un adversaire à cheval, mieux valait l'attaquer par la droite. Partant de ce principe, il **imposa aux cavaliers de circuler sur le côté droit** des routes. Cette habitude fut appliquée en France et en Europe, alors largement soumise aux Français. En Angleterre, qui ne fut jamais envahie par l'Empereur, on continua à voyager sur le côté gauche, comme on le faisait depuis le Moyen Âge, du temps où l**es chevaliers, qui portaient leur épée à gauche, ne voulaient pas, s'ils en croisaient d'autres, que leurs armes s'entrechoquent**.

Quel homme d'Afrique du Sud est resté 27 ans en prison ?

Né en 1918, **Nelson Mandela** a, dès les années 1940, commencé à **militer contre le sort qui était alors réservé aux Noirs** par la minorité blanche en Afrique du Sud (cette politique, nommée « apartheid », a été systématisée en 1948). **Il a été condamné à la prison à vie en 1964.** Finalement libéré en 1990, il s'est employé à mettre en place la démocratie dans son pays. Il a reçu le prix Nobel de la paix en 1993 et a été élu, l'année suivante, président de la République. Il s'est éteint en 2013, laissant un pays réconcilié avec lui-même.

Pourquoi le roi Henri IV a-t-il changé de religion à cinq reprises ?

Né en 1553, Henri IV est devenu roi de Navarre, un petit pays des Pyrénées, dix-neuf ans plus tard. **Il a vécu à l'époque des guerres de Religion, devenant tour à tour protestant, catholique**, puis protestant, puis catholique, de nouveau protestant et, enfin, catholique ! Fait roi de France à la mort de son cousin, Henri III, il a été le premier Bourbon à régner dans le pays. Il a ramené la paix dans son royaume, mais a été assassiné en 1610 par un fanatique, Ravaillac.

Qui a été le premier empereur des Français ?

Né en Corse en 1769, **Napoléon** a d'abord participé aux guerres de la France révolutionnaire, avant de se lancer dans la politique. Il est devenu Premier Consul, puis a été **couronné empereur des Français en 1804**. Il a soumis, entre autres, l'Espagne, l'Italie, les Pays-Bas, l'Autriche et l'Allemagne. En 1810, il dominait l'Europe ! Mais en 1812, il a échoué à faire plier la Russie. Cela a été le début de sa fin... Il a été définitivement battu par ses ennemis, à Waterloo, en 1815, et a été exilé à Sainte-Hélène, où il est mort en 1821.

Pourquoi Jeanne d'Arc est-elle célèbre ?

Née à Domrémy, en Lorraine, vers 1412, **Jeanne d'Arc a décidé très jeune de combattre les Anglais**. Ceux-ci occupaient une large partie de la France et assiégeaient Orléans, qu'elle a réussi à secourir ! Elle a ensuite conduit le roi Charles VII à Reims pour qu'il y soit sacré. **Habillée en homme**, elle est retournée lutter contre les Anglais, mais est finalement tombée entre leurs mains. Elle a été jugée, condamnée et brûlée à Rouen en 1431.

Pourquoi, au temps de Charlemagne, tous les enfants de France n'allaient-ils pas à l'école ?

Charlemagne s'est contenté d'encourager les membres de l'Église à entretenir des écoles près des églises et des monastères et à y dispenser des cours. **À cette époque, c'étaient surtout les prêtres et les moines qui étaient instruits.** Il est probable que **seuls les enfants des familles aisées** ont bénéficié de cet enseignement : l'immense majorité des enfants pauvres n'ont sans doute jamais mis les pieds dans les écoles voulues par Charlemagne !

Pourquoi Pythagore a-t-il fait une découverte extraordinaire pour son époque ?

Pythagore est un philosophe et un savant grec qui a vécu aux VIe et Ve siècles avant J.-C. C'est sans doute **un des premiers hommes à avoir compris que la Terre était ronde**. Peu après, d'autres Grecs, comme Platon et Aristote, furent du même avis. Or, par la suite, la science « officielle » s'est détournée de cette connaissance. Au Moyen Âge, la plupart des gens estimaient que la Terre était plate ! C'est à la Renaissance que l'on a enfin admis qu'elle est bel et bien ronde.

Pourquoi la tour Eiffel a-t-elle failli disparaître en 1944 ?

Quelques semaines après le débarquement de juin 1944, les Alliés étaient sur le point de reprendre le contrôle de Paris, occupé par les Nazis. Le dictateur allemand **Adolf Hitler donna l'ordre de faire exploser la ville**, en particulier ses ponts et ses gares, le palais de l'Élysée, les Invalides, **la tour Eiffel**, l'Arc de triomphe, etc. Mais le général allemand Dietrich von Choltitz n'exécuta pas cet ordre.

Le premier tour du monde

L'expédition de Magellan partit **en septembre 1519** de Séville, en Espagne. Elle comptait **237 hommes, répartis sur 5 navires**. Après bien des drames, seuls 35 de ces marins pionniers revinrent en Espagne, entre 1522 et 1526.

1 De quel pays Magellan était-il originaire ?

A. De France

B. D'Espagne

C. Du Portugal

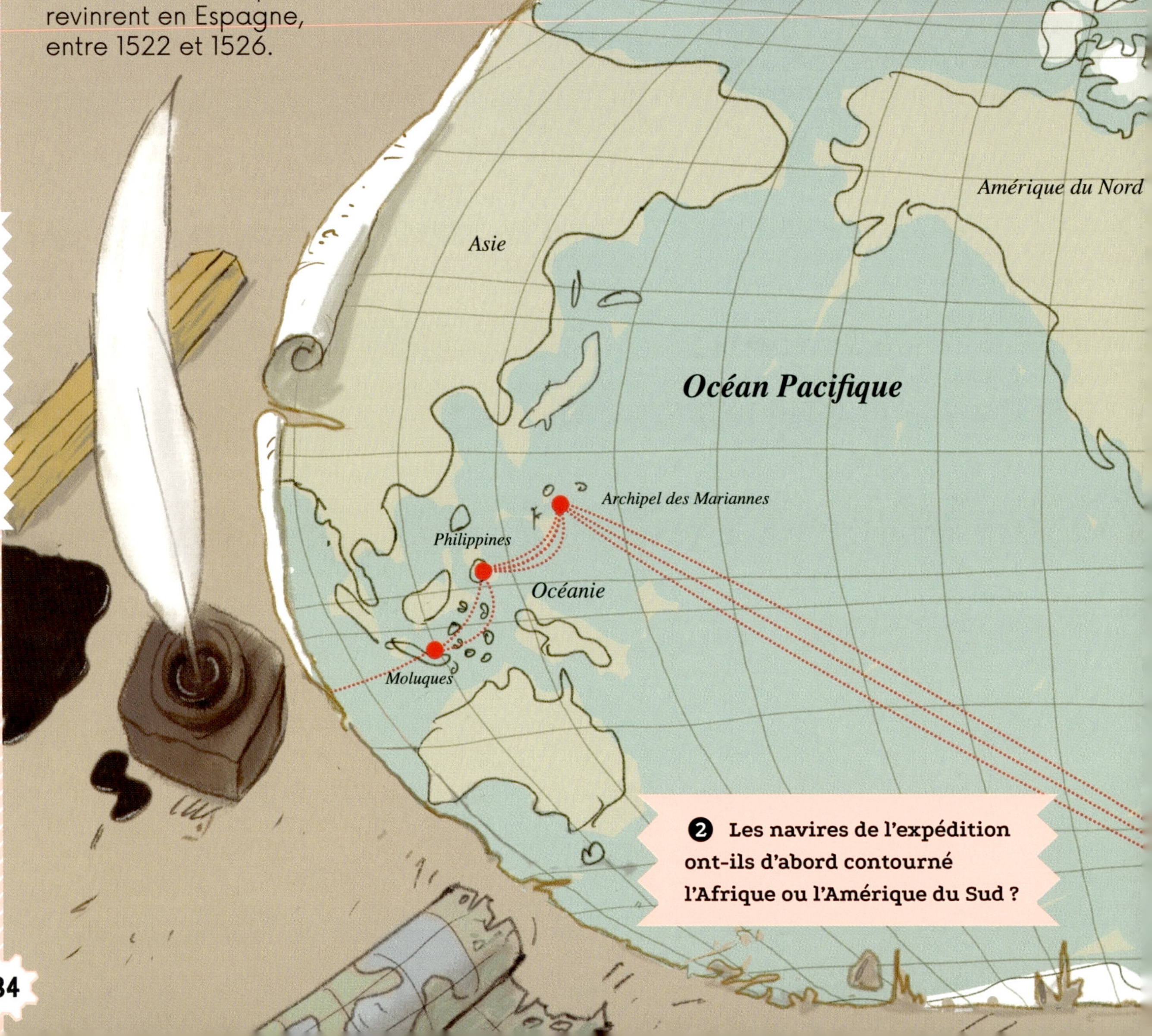

2 Les navires de l'expédition ont-ils d'abord contourné l'Afrique ou l'Amérique du Sud ?

3 Sur les 5 navires partis d'Espagne en 1519, combien sont parvenus à boucler le tour du monde en revenant au port de Séville en 1522 ?

A. 1 B. 2 C. 4

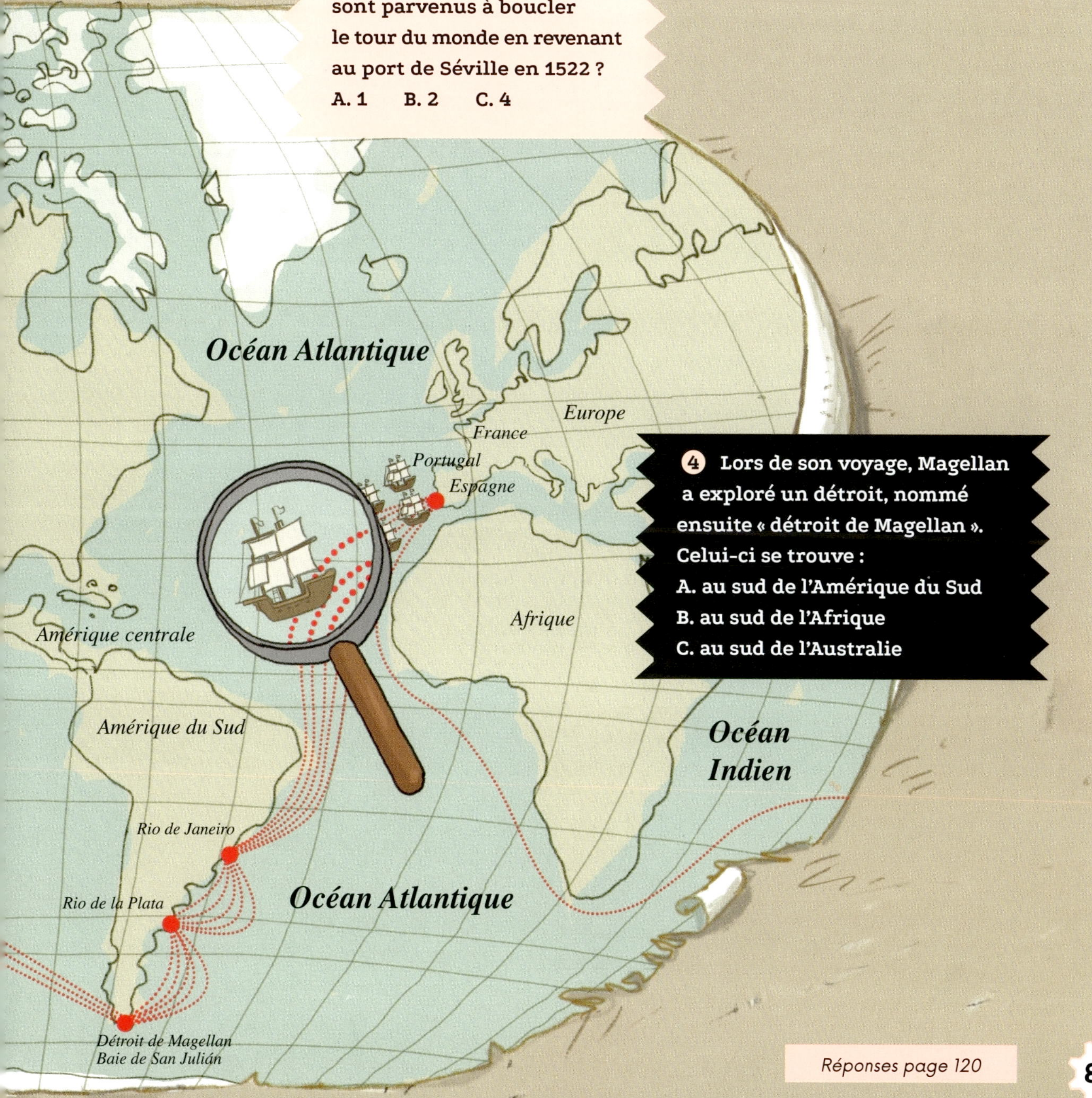

4 Lors de son voyage, Magellan a exploré un détroit, nommé ensuite « détroit de Magellan ». Celui-ci se trouve :

A. au sud de l'Amérique du Sud

B. au sud de l'Afrique

C. au sud de l'Australie

Réponses page 120

L'HOMME DANS L'HISTOIRE

Pourquoi les drapeaux de la Suisse et du Vatican sont-ils originaux ?

Ces deux drapeaux sont les seuls à posséder une forme carrée. La raison de cette particularité ? À la fin du Moyen Âge, les soldats suisses avaient une croix blanche dessinée sur leur uniforme. L'habitude fut prise, peu à peu, d'inscrire cette croix dans un carré. Plus tard, le pape recruta des gardes suisses. Et le format de leur drapeau fut alors adopté pour créer celui de la papauté, constitué de deux bandes verticales, l'une jaune, l'autre blanche.

Quel château Louis XIV a-t-il fait construire ?

Le château de Versailles a, pour l'essentiel, été construit par Louis XIV, de 1668 à 1710. En réalité, ce roi a fait « envelopper » et entourer de plusieurs ailes de pierre blonde un premier petit château édifié par son père, Louis XIII. Au château de Chambord où il a séjourné à plusieurs reprises, Louis XIV s'est contenté de transformer et d'embellir son appartement. Au Louvre, le Roi-Soleil a fait bâtir la magnifique façade qui s'appelle aujourd'hui « la colonnade de Perrault ».

Quel est le premier homme à avoir foulé le sol de la Lune ?

Né en 1930, d'abord pilote d'avion, **l'Américain Neil Armstrong** a été sélectionné pour être le commandant de bord d'*Apollo 11,* qui consistait à envoyer une mission sur la Lune. **Le 20 juillet 1969**, il a été le premier homme à marcher sur le satellite de la Terre. Il a alors déclaré : « C'est un petit pas pour un homme, un grand bond pour l'humanité. » Son coéquipier, Edwin Aldrin, l'a suivi juste après. Quant au troisième homme de l'équipage, Michael Collins, il est demeuré en orbite autour de la Lune.

Jusqu'où Marco Polo a-t-il voyagé, au XIIIe siècle ?

Le Vénitien Marco Polo naît en 1254, dans une famille de commerçants. En 1271, le pape le charge de mener une mission diplomatique, avec son père et son oncle, auprès du grand khan, Kubilai l'empereur de Chine. Marco Polo demeure dans ce pays durant de longues années et ne revient en Italie qu'en 1295. Entre-temps, outre **l'Asie centrale**, le voyageur a parcouru **l'empire du Milieu** et **l'Asie du Sud-Est**. S'il parle du Japon dans ses Mémoires, *Le Livre des merveilles,* Marco Polo n'est jamais allé dans ce pays.

Pendant la Seconde Guerre mondiale, quels étaient les alliés de l'Allemagne d'Hitler ?

Durant la Seconde Guerre mondiale (1939-1945), l'Allemagne nazie, dirigée par Adolf Hitler, avait pour principaux alliés **l'Italie et le Japon**. Ces trois puissances, ennemies de la démocratie, avaient conclu un pacte instaurant l'axe Berlin-Rome-Tokyo. Pour cette raison, ces trois pays furent surnommés **« les forces de l'Axe »**. D'autres États étaient eux aussi alliés au régime d'Hitler, comme, par exemple, **la Hongrie et la Roumanie**.

Pourquoi le roi Louis XVI a-t-il été guillotiné pendant la Révolution française ?

Jusqu'en 1789, Louis XVI était un monarque absolu, c'est-à-dire qu'il disposait de très larges pouvoirs. Puis la Révolution s'est mise en marche. Dans un premier temps, le roi a accepté de gouverner aux côtés d'une assemblée composée de députés. Mais Louis XVI a finalement été **soupçonné de vouloir retrouver son ancienne puissance**. Il a été détrôné, jugé, **reconnu coupable d'avoir lutté contre la Révolution** et a, en conséquence, été condamné à la décapitation. Son exécution a eu lieu à Paris, le 21 janvier 1793.

Que portaient les hommes et les femmes de la Renaissance autour du cou ?

Une fraise. Pendant la Renaissance, hommes et femmes (du moins les riches) aimaient se vêtir d'une belle chemise. Pour la montrer un peu, ils laissaient son col dépasser du vêtement qu'ils portaient par-dessus. Peu à peu, **ce col a pris de l'ampleur et est devenu un élément à part entière du costume : c'est la fraise**. Parfois, celle-ci était en dentelle fine. Parfois, elle était plissée, composée de plusieurs épaisseurs de tissu et très imposante ! La fraise est redevenue à la mode au début du XIXe siècle, surtout en France.

Les hommes préhistoriques chassaient-ils des dinosaures ?

Non, bien sûr ! Les dinosaures sont apparus sur terre il y a environ 230 millions d'années. Et ils se sont éteints voici 65 millions d'années. Les mammifères – qui existaient déjà mais se faisaient jusque-là tout petits ! – en profitèrent pour prendre leur essor et ils se diversifièrent. Cependant, **l'homme**, qui est un mammifère, est un petit nouveau à l'échelle du temps : **il est apparu il y a sans doute « seulement » 3 millions d'années environ.**

Pourquoi Magellan n'a-t-il pas fini son tour du monde ?

Parce qu'il fut tué par les habitants des Philippines, avant d'avoir pu boucler ce tour du monde. Né portugais en 1480, ce navigateur, une fois devenu adulte, entra au service du roi d'Espagne. Il partit de Séville en 1519, traversa l'Atlantique et une partie du Pacifique mais fut assassiné deux ans plus tard. Ses compagnons (du moins les rescapés de divers drames) poursuivirent leur périple. Ils traversèrent l'océan Indien, franchirent le cap africain de Bonne-Espérance et réussirent à revenir en Espagne en 1522.

Quelle est l'origine du nom *Titanic* ?

Le *Titanic* est le nom du fameux navire britannique qui a fait naufrage en 1912 dans l'Atlantique – catastrophe qui a causé la mort d'environ 1 500 personnes. **Son nom vient de celui des Titans, créatures gigantesques de la mythologie grecque.** Les Titans sont les enfants d'Ouranos (qui représente le Ciel) et de Gaïa (la Terre). Les plus connus d'entre eux sont Cronos et Océan (père des fleuves et des rivières).

Pourquoi de nombreux rois de France ont-ils épousé des femmes étrangères ?

En Europe, du temps des rois, ceux-ci se mariaient souvent avec une princesse étrangère. **C'était une manière de se rapprocher d'un pays voisin, de conclure une alliance entre deux États.** Par exemple, Louis XIII épousa Anne d'Autriche (qui était, en fait, espagnole !), car, à ce moment-là, Paris voulait se rapprocher de Madrid. Mais, souvent, la princesse épousée était déjà de la famille : Marie-Thérèse, la femme de Louis XIV, était sa cousine germaine, car tous deux descendaient d'Henri IV.

Pourquoi a-t-on construit la Grande Muraille de Chine ?

Plusieurs siècles avant notre ère, la Chine était divisée en petits royaumes qui se combattaient les uns les autres. **Pour se protéger de ses voisins, chaque roi construisit de hauts murs autour de son territoire. Qin Shi Huangdi**, le premier empereur qui régna sur l'ensemble de la Chine, voici environ 2 200 ans, **réunit ces divers murs et les prolongea**.

J'♥ W.W.W

Incroyable, MAIS VRAI !

Pourquoi, avant, il n'existait pas de brique de Lego verte ?

Le jeu d'assemblage Lego est d'origine danoise. Il est né en 1949, mais c'est neuf ans plus tard que les briques de base ont pris leur aspect actuel. À l'origine, on trouvait des briques blanches, rouges, jaunes, bleues et noires. **Mais pas de briques vertes : leur concepteur craignait que les enfants ne s'en servent pour construire des véhicules d'aspect militaire.** La première brique verte n'a été fabriquée qu'en 1990 !

Est-ce vrai que les Romains de Pompéi mangeaient parfois du flamant rose ?

Oui ! La population de la ville de Pompéi, située près de Naples et dévastée par une célèbre éruption du Vésuve, en 79 après J.-C., était assez prospère. La terre était fertile, et le site favorable au commerce maritime. Les négociants aisés y étaient nombreux. Selon des fouilles menées au début du XIXe siècle, les Romains de la classe moyenne vivant dans cette cité **mangeaient, outre des mets plus ordinaires, des oursins, de la viande de flamant rose et même de la girafe !** De plus, leurs plats étaient relevés par des épices convoyées depuis l'actuelle Indonésie...

Quel est le monument payant le plus visité au monde ?

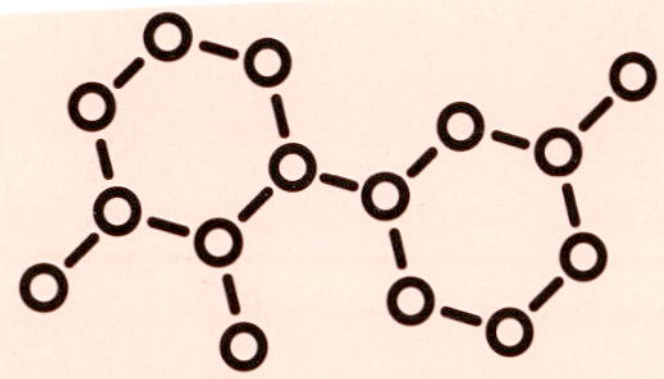

La tour Eiffel ! Elle a été construite sous la direction de l'ingénieur Gustave Eiffel, à l'occasion de l'Exposition universelle de 1889 qui célébrait le centenaire de la Révolution française. Elle aurait dû être détruite quelques années plus tard, mais a été conservée. Depuis son édification, près de 250 millions de visiteurs l'ont visitée. Aujourd'hui, ce sont environ 7 millions de personnes qui, chaque année, partent à l'assaut du monument le plus célèbre de Paris !

Quel est le plus grand arbre au monde ?

Le séquoia à feuilles d'if est le plus grand arbre au monde **(il peut dépasser 100 m de haut)**. Il pousse en Amérique du Nord, plus précisément en Californie du Nord. C'est un conifère, qui peut vivre au moins 3 000 ans. Cet arbre ne doit pas être confondu avec un autre séquoia, le séquoia géant. Celui-ci est un peu plus petit. Mais l'un des spécimens les plus connus, un arbre surnommé « Général Sherman », qui est âgé d'environ 2 200 ans, fait quand même plus de 83 m de haut !

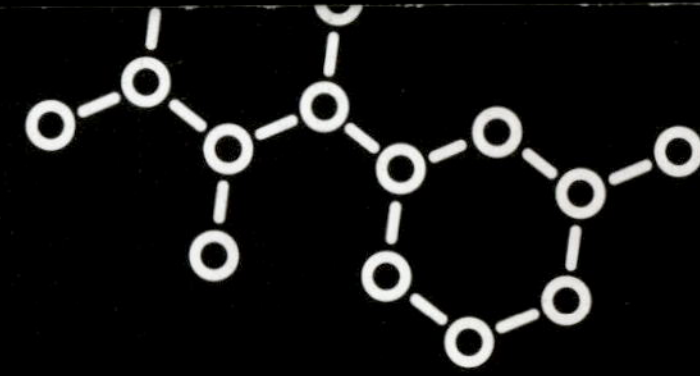

Pourquoi l'eau gelée occupe-t-elle plus de place que l'eau liquide ?

Parce que, **en gelant, les molécules présentes dans l'eau s'écartent les unes des autres** et prennent donc davantage de place. En d'autres termes, **le volume de cette eau augmente d'environ 10 %**. Alors que son poids total, qu'elle soit gelée ou non, lui, ne change pas !

Lorsqu'on éternue, quelle vitesse peut atteindre l'air expulsé ?

Quand on éternue, l'air expulsé peut atteindre **une vitesse comprise entre 150 et 200 km/h** à la sortie du nez ! L'éternuement est une sorte de réflexe, un mécanisme que le corps met en œuvre afin d'expulser les particules qui gênent la respiration : virus du rhume ou de la grippe, poussière, moisissures, etc. Bref, éternuer est un mécanisme de défense, souvent efficace. Par ailleurs, à chaque éternuement, un réflexe incontrôlable conduit à fermer les paupières.

Quel est le plus haut bâtiment du monde ?

En 2015, la plus haute tour jamais construite sur la terre est **la Burj Khalifa** (« tour de Khalifa ») qui, inaugurée en 2010, fait quelque 828 m de haut. Cette structure élancée se trouve à Dubaï, dans les Émirats arabes unis. Mais elle devrait être détrônée lorsque sera achevée la *Kingdom Tower* (« tour du Royaume ») : d'une hauteur d'environ 1 km, celle-ci s'élèvera dans le ciel de Djeddah, en Arabie Saoudite, un autre pays du Moyen-Orient. Prévue pour être achevée en 2021, elle comportera 200 étages, desservis par 59 ascenseurs !

Pourquoi le roman *La Disparition* est-il un exploit ?

Car son auteur, **Georges Perec, l'a écrit sans utiliser une seule fois la voyelle « e »**, bien que ce soit la lettre la plus employée dans la langue française – ce qui constitue une véritable prouesse. La preuve ? Rien que dans cette réponse, il y a 65 « e », y compris les « e » accentués ! Dans ses différentes œuvres, cet écrivain du XXe siècle a accordé une grande place à la construction du récit et à des jeux concernant le style.

Pourquoi beaucoup d'adresses Internet commencent-elles par « www » ?

Les adresses de la plupart des sites Internet commencent par 3 lettres, « www », c'est-à-dire **les initiales de l'expression *world wide web*** qui, en anglais, signifie « la vaste toile (d'araignée) mondiale ». Celle-ci rassemble, en effet, toutes les ressources qui composent Internet : les différents types de courriers et de messageries électroniques, les forums et les sites, où l'on trouve films, textes et images, reliés entre eux, que l'on consulte chaque jour pour se distraire, s'informer, etc.

Pourquoi certains sportifs arrivent-ils à ne pas dormir pendant des jours ?

C'est une question d'entraînement ! Certains sportifs n'ont pas le choix, comme les navigateurs en solitaire. Ceux-ci dorment quelques dizaines de minutes, toutes les trois heures. Et ces sportifs sont en forme à chaque réveil ! Ce faisant, **ils retrouvent sans doute le rythme de l'homme des cavernes** qui, sous peine d'être surpris par une bête féroce, ne pouvait se permettre de s'assoupir bien longtemps !

Comment les écrans tactiles peuvent-ils détecter nos doigts ?

L'écran de la tablette, du smartphone, de l'ordinateur est souvent recouvert d'un matériau invisible à l'œil nu, une fine couche d'un métal nommé **« indium »**. **Lorsque le doigt touche cette pellicule, il se produit un léger phénomène électrique** et des capteurs signalent aussitôt à la machine quel endroit de cette surface le doigt vient d'effleurer.

Combien de pulls peut-on tricoter avec la laine d'un mouton ?

En général, la tonte annuelle d'un mouton donne une toison qui pèse environ 5 kg. Les deux tiers de cette laine peuvent être récupérés, nettoyés et transformés en fil à tricoter. Si l'on considère qu'un pull-over pèse en moyenne 250 g, on peut donc estimer qu'une toison permet d'en fabriquer une petite quinzaine. **Donc : la laine produite par 1 mouton en 1 année = 15 pulls !**

Les drones à la conquête des airs

Un drone est un engin volant léger et sans pilote. Télécommandé à distance ou autonome, il peut transporter des équipements ou des objets : une caméra, un radar, un paquet, une arme, etc. Il peut peser entre quelques grammes ou plusieurs tonnes.

1 Que signifie drone en anglais ?

A. « Avion de combat »

B. « Faux bourdon »

C. « Robot télécommandé »

2 Quand a-t-on commencé à faire un large usage des drones ?

A. À partir des années 1950

B. À partir des années 1990

C. À partir des années 2000

3 Combien de temps un drone peut-il voler ?

4 Jusqu'à quelle altitude un drone peut-il voler ?

Réponses page 120

Le cours d'eau d'une rivière peut-il parfois changer de sens ?

Oui, c'est le cas du Tonlé Sap, une rivière du Cambodge qui se jette dans le Mékong, à la hauteur de la capitale de ce pays, Phnom Penh. Chaque année, un phénomène extraordinaire se produit à cet endroit. En mai, le Mékong, venu de l'Himalaya où la neige a fondu, est tellement puissant que ses eaux font refluer celles du Tonlé Sap. Ces dernières inversent leur cours et remontent vers leur source. Le cours du Tonlé Sap change de nouveau quand le Mékong faiblit, en novembre. Alors, le Tonlé Sap recommence à couler vers la mer.

Pourquoi les frères Grimm ont-ils changé la fin de l'histoire du Petit Chaperon rouge ?

L'histoire du *Petit Chaperon rouge* est connue en Europe depuis le Moyen Âge. Dans un premier temps, elle s'est transmise oralement. Au XVIIe siècle, le Français **Charles Perrault en a proposé une version écrite dans laquelle le loup dévore l'enfant** et sa grand-mère. Au XIXe siècle, **les frères Grimm** (des Allemands) ont rédigé ce conte à leur tour. Dans leur version, **un bûcheron sauve la vie de la petite fille** et de son aïeule. Ici, le bien finit donc par triompher, et le méchant – le loup – est tué. La morale est sauve, et les jeunes lecteurs moins attristés !

Quel est l'un des animaux les plus dangereux du monde ?

Le moustique ! Cet insecte n'est pas bien grand et pourtant, il fait des dégâts considérables. **Le moustique transmet, en effet, diverses maladies.** Parmi celles-ci, outre la dengue et le chikungunya, figure le paludisme, qui sévit particulièrement en Afrique et en Asie. Il tue, chaque année, plusieurs centaines de milliers de personnes. C'est la maladie parasitaire qui fait le plus de victimes. Et, en dépit des efforts de la recherche, aucun vaccin n'a encore pu être mis au point pour protéger complètement les populations vivant dans des pays à risques.

Au Japon, qu'est-ce qui permet de réveiller les sourds en cas d'incendie dans un immeuble ?

Un végétal, **le wasabi**, très utilisé dans la cuisine japonaise ! La racine de cette plante sert à fabriquer des mets qui ont la particularité d'enflammer le palais et de dégager une odeur très forte. Des chercheurs ont donc eu l'idée de mettre au point **une alarme qui, en cas de danger, libère une très forte senteur de wasabi**, propre à réveiller les personnes qui entendent mal, ou pas du tout, la sirène qui réveille les autres !

Quel pays du continent africain possède 3 capitales officielles ?

Située au sud de l'Afrique, **l'Afrique du Sud** possède 3 capitales officielles. **Pretoria** accueille l'essentiel de l'administration. Le pouvoir législatif se trouve dans la ville du **Cap** et la capitale judiciaire est **Bloemfontein**. Mais sa métropole économique est encore une autre ville : Johannesburg ! Particulièrement connue pour son équipe de rugby, les Springboks, l'Afrique du Sud a aussi organisé en 2010 la Coupe du monde de football – ce qui a fait d'elle le premier pays africain à accueillir une telle compétition.

Pourquoi le père Noël est-il habillé en rouge et blanc ?

L'« ancêtre » du père Noël est saint Nicolas, encore très attendu à Noël par les enfants de nombreux pays européens (par exemple, l'Allemagne, la Croatie, la Pologne, le Royaume-Uni, la Suisse), où le père Noël est moins connu ! Ce traditionnel protecteur des enfants **était jadis vêtu d'une cape rouge.** C'est **cet habit** qui, après avoir évolué au fil du temps, **s'est transformé depuis plusieurs décennies en un ample manteau rouge bordé de blanc**.

Quel est le prénom masculin le plus répandu dans le monde ?

Mohammed. Mohammed est le Prophète, le fondateur de l'islam, qui est la seconde religion au monde en ce qui concerne le nombre d'adeptes. Selon les pays et les époques, ce prénom présente **un grand nombre de variantes** (autrefois, en France, Mohammed se disait « Mahomet »). Par exemple : Mamadou, Mamoudou, Mehmed, Mehmet, Mohammad, Mouhamed, Muhammad, etc.

Quel est le plus grand pays du monde ?

La Russie fait plus de 17 millions de km². Elle s'étire, d'ouest en est, sur plus de 9 000 km, à cheval sur l'Europe et l'Asie, et ne possède pas moins de 9 fuseaux horaires. Elle arrive donc loin devant le Canada qui, avec 9,98 millions de km², est pourtant le deuxième plus grand pays au monde et le plus étendu de tous les États américains. Sans parler de la France, qui est 30 fois plus petite que la Russie !

Combien de localités se nomment « Paris » dans le monde ?

Plusieurs dizaines, essentiellement aux États-Unis. La plupart d'entre elles sont relativement peu importantes, ne comptent que quelques milliers, voire quelques centaines d'habitants. Le Paris du Tennessee et le Paris du Texas possèdent chacune une réplique, certes bien plus petite, de la tour Eiffel !

Le diplodocus était-il le plus gros des dinosaures ?

Non ! Certes, le diplodocus devait être imposant. Mais **d'autres dinosaures étaient beaucoup plus lourds**, bien qu'il soit difficile d'évaluer leur poids. Selon l'avancée de la science et l'avis des différents scientifiques, ce poids varie du simple au double, voire davantage. D'autant que, souvent, seuls des fossiles incomplets ont été retrouvés. **Il semble que l'un des plus gros dinosaures à avoir jamais existé soit l'argentinosaurus**, dont le poids aurait approché 90 t !

Qu'est-ce que les mots « tôt » et « kayak » ont de particulier ?

Ce sont **des palindromes**, un mot grec qui signifie qu'**on peut les lire dans les deux sens**. Il y en a bien d'autres, comme le verbe « rêver» à l'infinitif, « SOS » (un signal de détresse international), les mots « bob » (qui désigne un chapeau en tissu mou), et « ara » (un oiseau).

Quelle est la ville la plus peuplée au monde ?

La zone urbaine de **Tokyo**, au Japon, est la plus peuplée au monde. Elle rassemble **plus de 37 millions d'habitants**. Vient ensuite celle de Delhi, en Inde, avec plus de 29 millions, suivie de celle de Mexico, au Mexique (plus de 22 millions d'habitants), à égalité avec New York - Newark, aux États-Unis. Quant à l'agglomération parisienne, elle ne rassemble « que » 12,5 millions d'habitants.

JEUX

Maintenant que tu connais toutes les réponses aux questions les plus sérieuses ou farfelues qui soient, teste tes connaissances en t'amusant grâce à ces jeux !

LES ANIMAUX DU MONDE

MAMMIFÈRE MYSTÈRE

Sauras-tu trouver lequel de ces animaux est un mammifère ? Entoure-le !

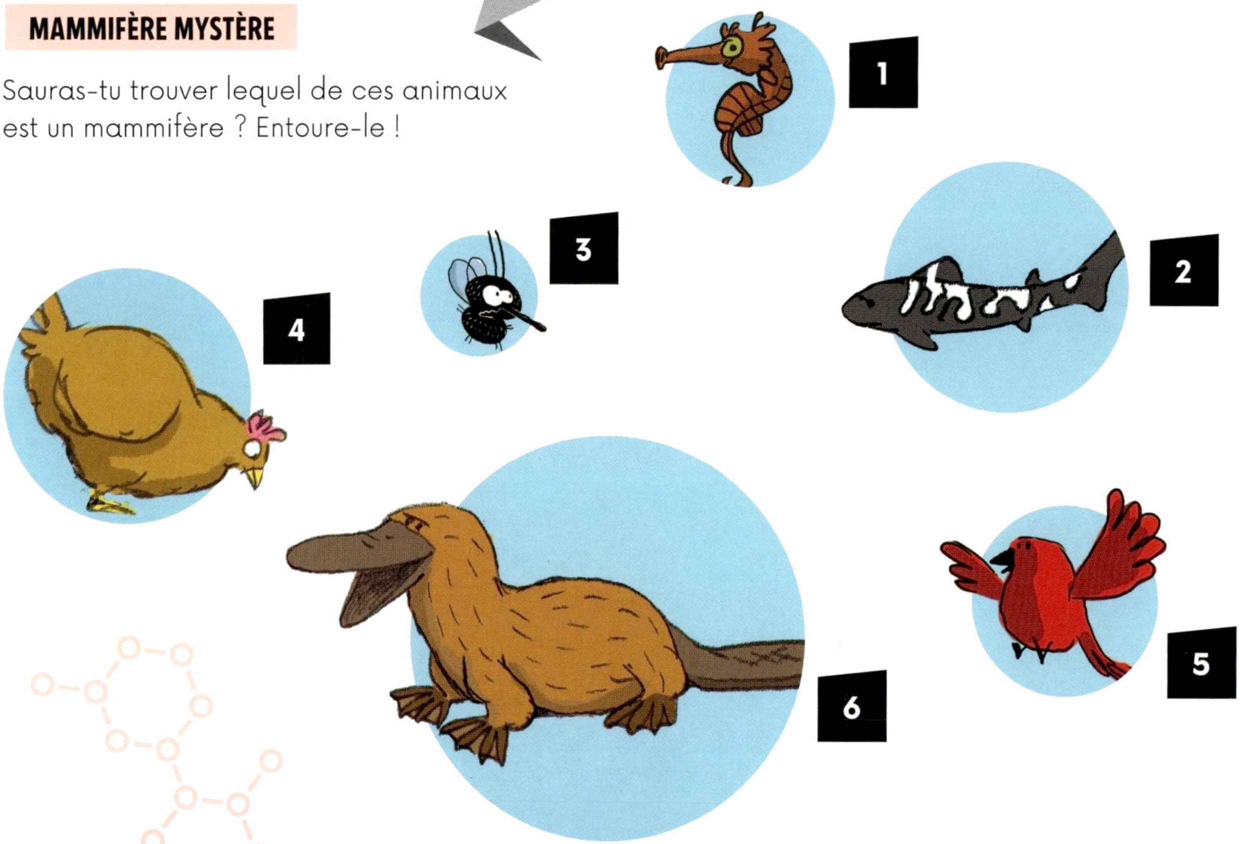

INTRUS DANS LA TOILE

Il n'y a qu'une seule vraie araignée ! Pour la retrouver, repère celle qui est différente des autres !

MÂLE ET FEMELLE

Grâce aux indices, découvre lequel de ces animaux est hermaphrodite, c'est-à-dire à la fois mâle et femelle.

INDICES

1- Cet animal n'a pas de bec.
2- Cet animal ne vole pas.
3- Cet animal n'a pas de poils.
4- Cet animal est herbivore (il mange des végétaux).

Réponses page 121

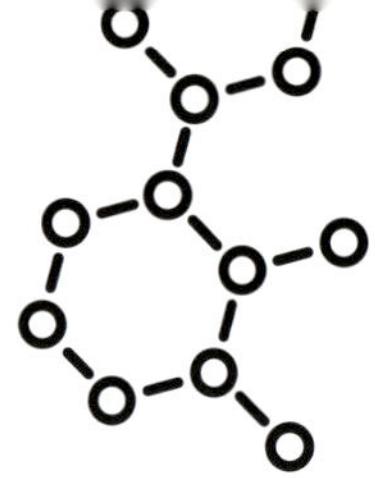

LE CORPS HUMAIN

CHASSE AUX POUX

Louis a plein de poux sur la tête. Aide-le à s'en débarasser en comptant tous ceux que tu vois !

Il y a _ _ poux !

S.O.S. : OS CASSÉS !

Les os ci-dessous se sont brisés. Reconstitue-les en reliant les bonnes syllabes entre elles pour reformer le nom des os.

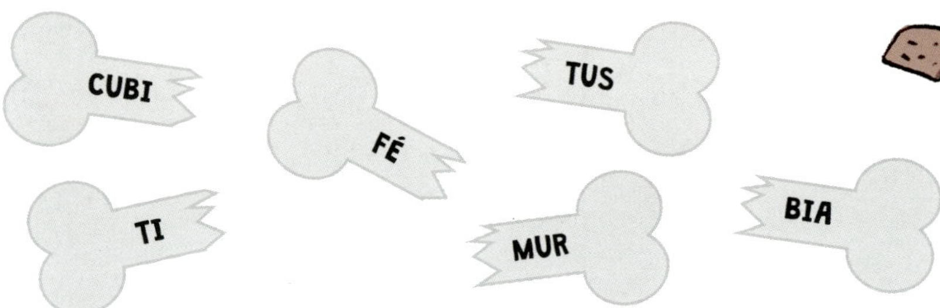

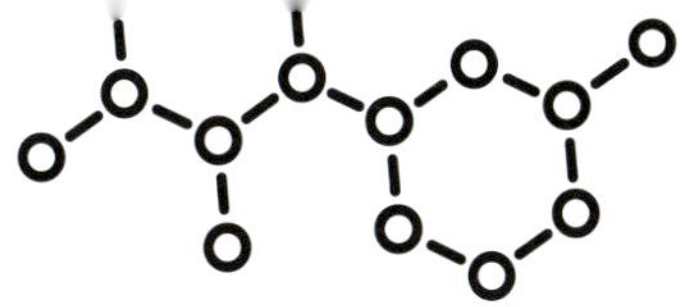

SUPER QUIZ

Si tu as lu attentivement le chapitre sur le corps humain, tu devrais pouvoir répondre sans problème à ces questions !

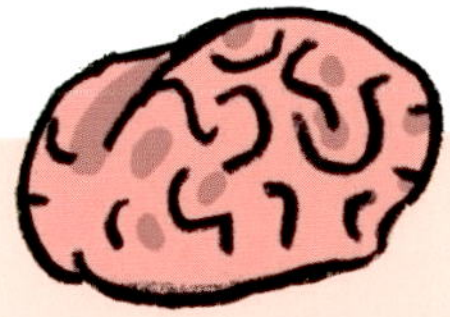

1/ Quel est le poids moyen du cerveau humain ?

a) 1,3 kg
b) 200 g
c) 3 kg

2/ Vers quel âge les dents de lait commencent-elle à tomber?

a) 1 an
b) 6 ans
c) 18 ans

3/ Quel muscle se contracte quand on a le hoquet ?

a) Le biceps
b) Le cœur
c) Le diaphragme

4/ Quels organes filtrent les déchets toxiques de notre organisme et produisent l'urine ?

a) Les yeux
b) Les reins
c) Les poumons

5/ En additionnant toutes les heures de sommeil, combien de jours dort-on en moyenne par an ?

a) 15 jours
b) 57 jours
c) 115 jours

Réponses page 121

LA TERRE ET L'UNIVERS

JEUX

TOUR DU MONDE

Explore le monde en remettant le nom des 6 continents ci-dessous au bon endroit sur la carte. Puis entoure le pays dans lequel tu vis.

AFRIQUE

AMÉRIQUE

EUROPE

ASIE

ANTARCTIQUE

OCÉANIE

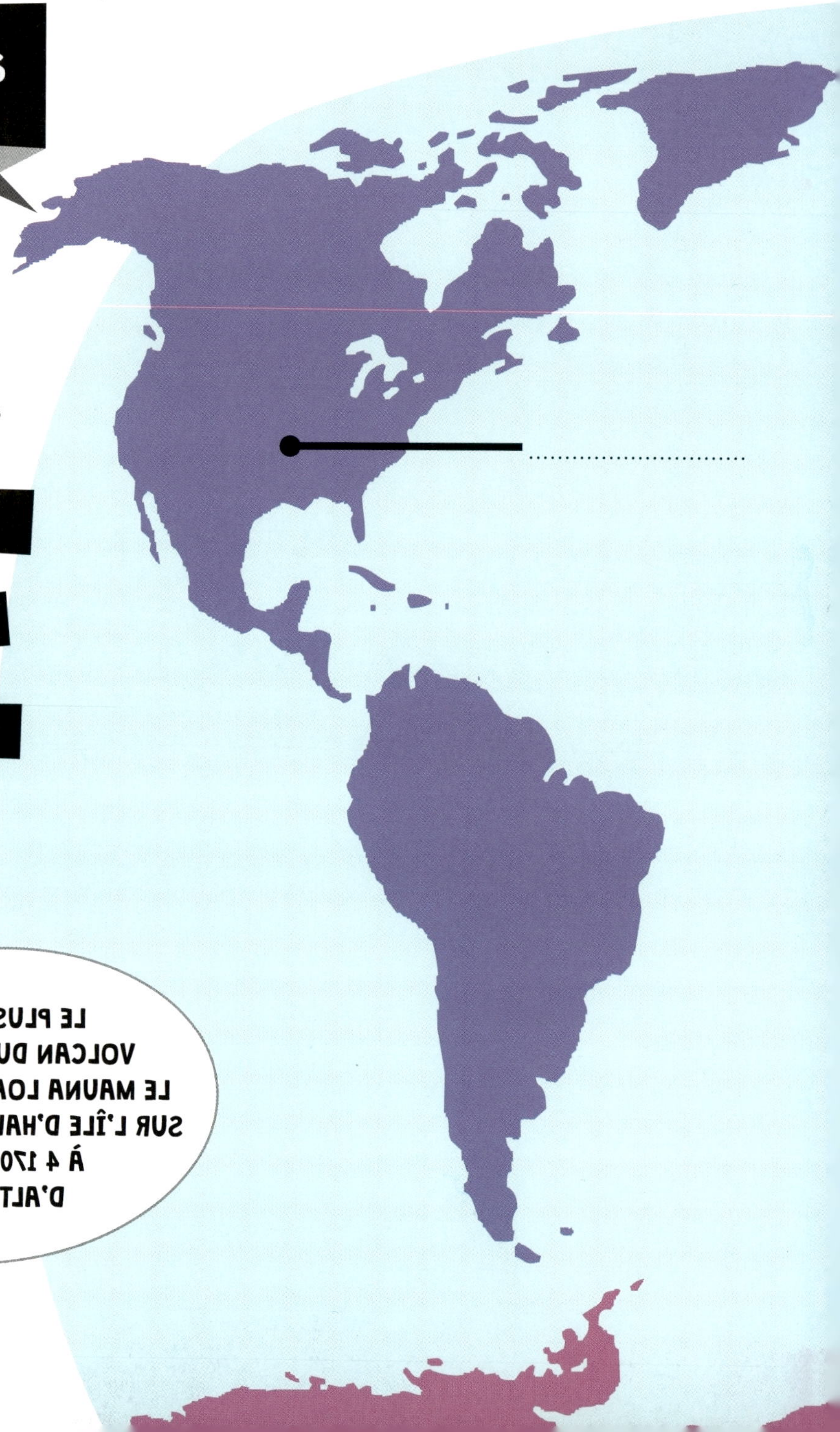

MESSAGE SECRET

Aide-toi d'un miroir pour savoir ce que dit Albert.

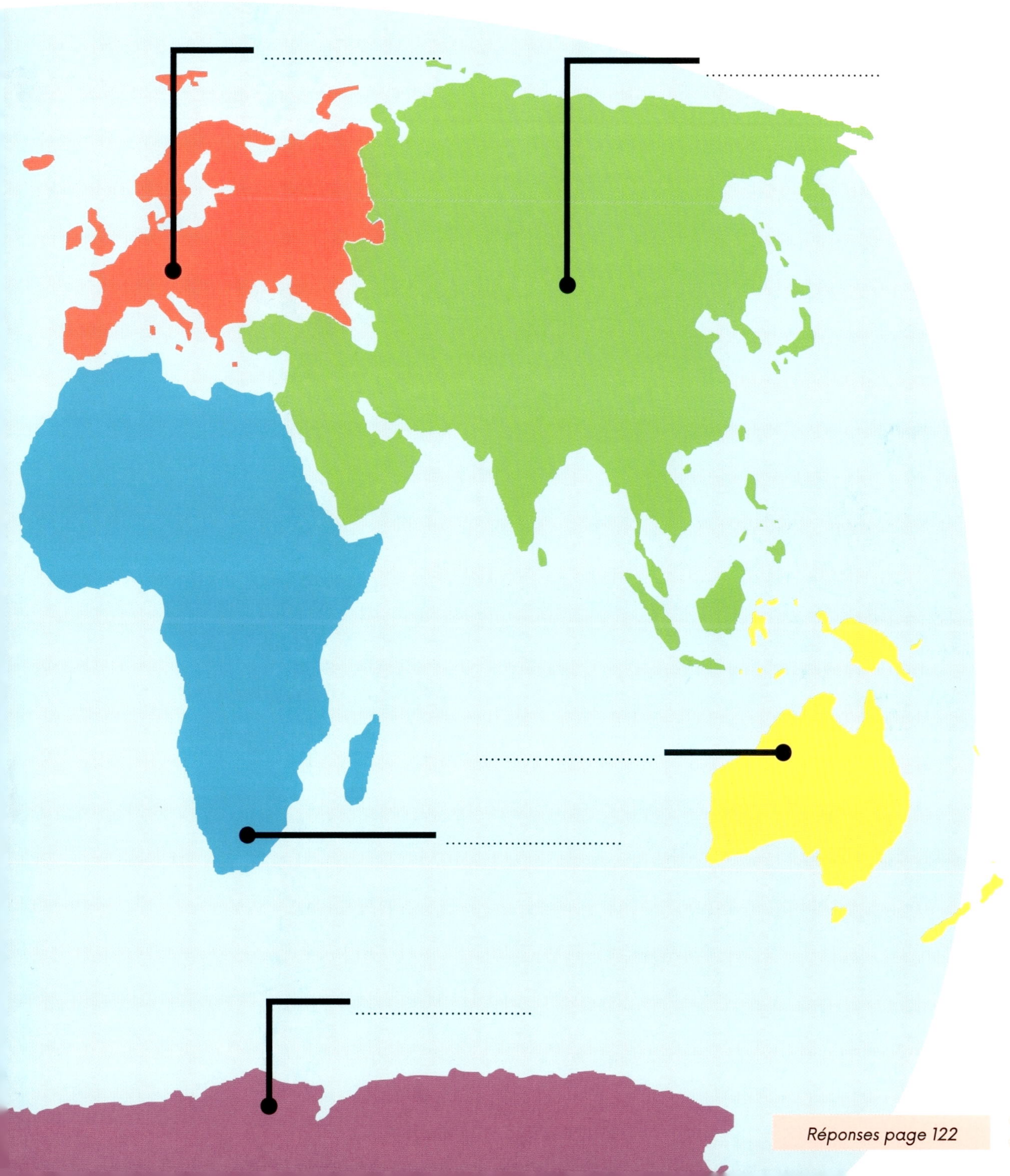

Réponses page 122

FASCINANTES INVENTIONS

TOUS À BORD !

Embarque à bord de ce sous-marin ! Deviens incollable sur cet extraordinaire engin en replaçant chaque mot ci-dessous au bon endroit sur le dessin.

gouvernail de direction

gouvernail de plongée avant

hélice

sas de sauvetage

missiles

périscope

gouvernail de plongée arrière

sas d'accès

réacteur nucléaire

compartiment du moteur

JEUX

SACRÉS INVENTEURS !

Amuse-toi à relier chacun des inventeurs à son invention.

Alfred Nobel	**le téléphone**
Alexander Graham Bell	**la locomotive**
Richard Trevithick	**la dynamite**

PANIQUE AU LABO

Alexander Fleming ne sait plus où se trouve le récipient contenant la formule chimique de la pénicilline. Aide-le à le retrouver en entourant le seul élément présent q'une seule fois.

Réponses page 122

L'HOMME DANS L'HISTOIRE

QUESTIONS D'HISTOIRE

Si tu as attentivement lu le chapitre sur l'Homme dans l'histoire, tu n'auras aucun mal à répondre à ces questions spécialement concoctées pour toi.

1/ Où est né Napoléon ?

a) En Corse
b) Aux Antilles
c) À Paris

2/ Qui était Pythagore ?

a) Un grand voyageur et explorateur espagnol
b) Un savant et philosophe grec
c) Un roi de France

3/ Quels trois grands pays constituaient les forces de l'Axe durant la Seconde Guerre mondiale ?

a) L'Allemagne, la France et le Japon
b) L'Allemagne, l'Italie et l'Espagne
c) L'Allemagne, l'Italie et le Japon

4/ Qui était Molière ?

a) Un mathématicien
b) Un auteur de théâtre
c) Un grand joueur de football

CETTE ANNÉE-LÀ...

Sais-tu en quelle année Christophe Colomb a découvert l'Amérique en pensant qu'il s'agissait de l'Inde ? Complète ce sudoku avec les chiffres 1, 2, 4 et 9, et découvre la date inscrite sur la ligne orange. Attention, chaque chiffre ne doit être présent qu'une seule fois sur chaque ligne, dans chaque colonne et dans chaque carré.

		1	4
1	4	9	2
	9	2	
		4	9

UN GRAND VOYAGEUR

Marco Polo a réalisé un grand périple pendant 24 ans. Durant son long voyage, il a bien changé. Sauras-tu trouver les 5 différences entre ces 2 images ?

Réponses page 123

INCROYABLE, MAIS VRAI !

UNE GRANDE DAME

Sais-tu que l'on surnomme la tour Eiffel, la « dame de fer » ? Découvre combien mesure cette grande dame en complétant la pyramide. Pour cela trouve le nombre du sommet en sachant que chaque nombre correpond à l'addition des deux nombres du dessous.

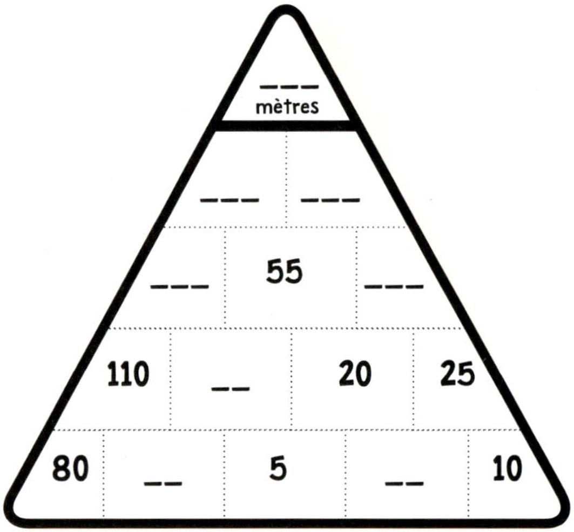

INDÉCHIFFRABLE ?

Essaie de lire le texte ci-dessous. Parviendras-tu à le déchiffrer ? Sais-tu pourquoi ?

Sleon une édtue scnieitifque, l'odrre des ltteers dnas un mot a peu d'ipmrotncae, la suele coshe qui cmotpe est que la pmeirère lrettre et la drenèire lertte sinoet à la bnnoe pclae. En fiat ton creaveu ne lit pas chuaqe ltetre elle-mmêe, mias le mot cmome un tuot.

JEUX

PÈRE NOËL, OÙ ES-TU ?

Découvre dans quel pays vit le père Noël en suivant le bon chemin. Mais attention, n'ébruite pas trop ce secret ! Il en va de la tranquillité de ce cher bienfaiteur.

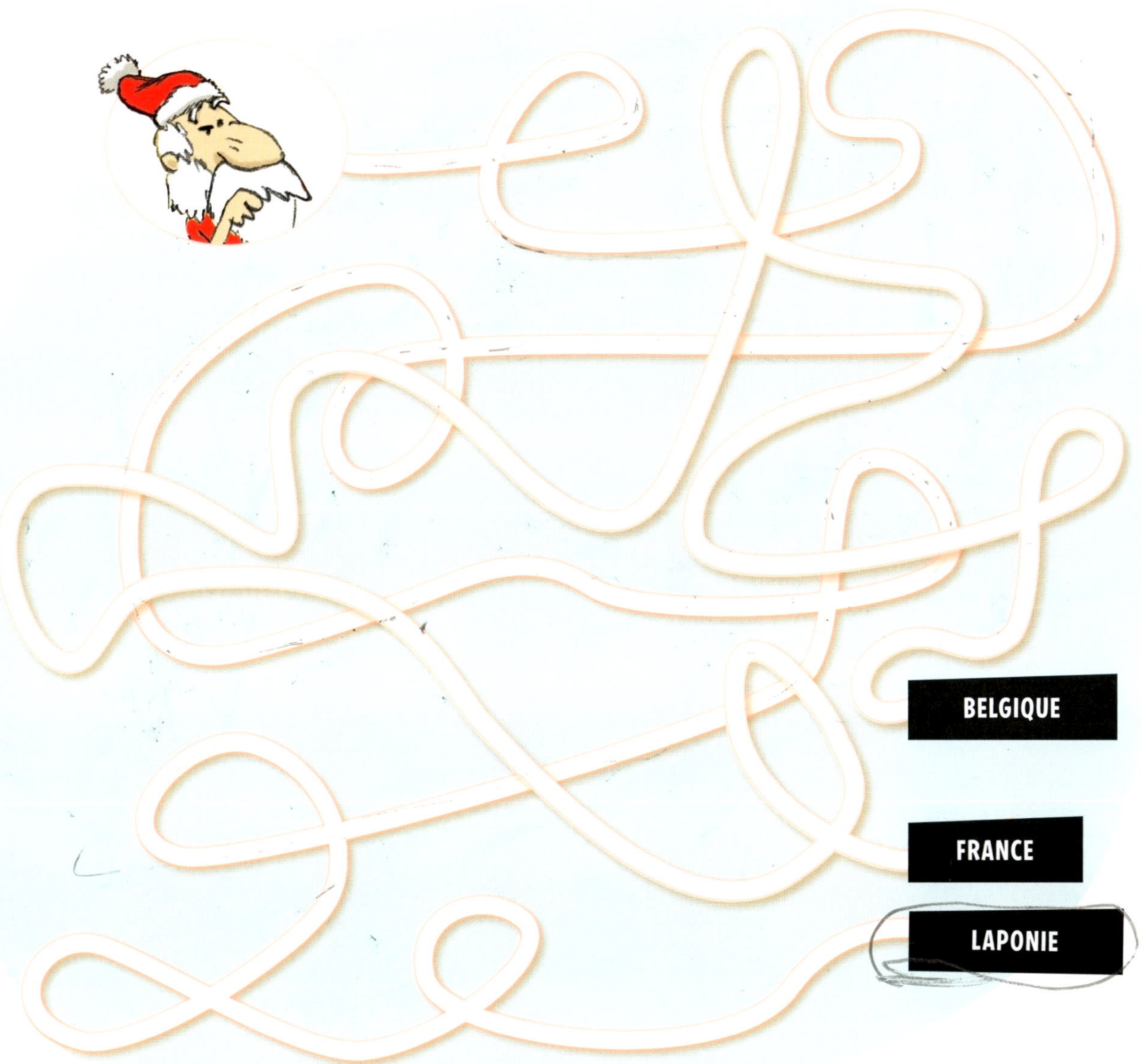

Réponses page 123

SOLUTIONS

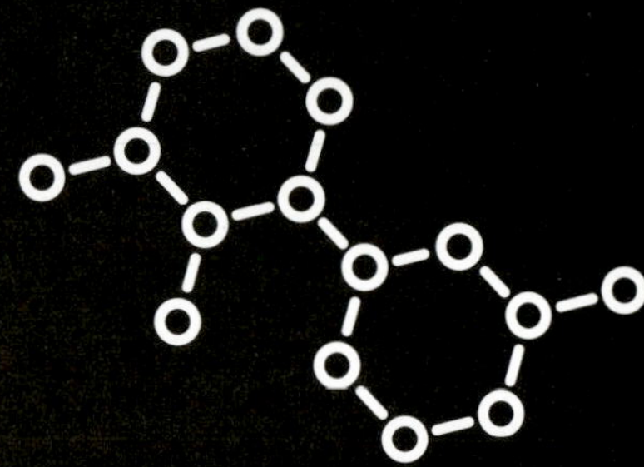

p. 16-17

Les requins, seigneurs des océans
1-C ; 2-C ; 3- A ;
4-Elles se renouvellent continuellement.

p. 34-35

C'est quoi, la digestion ?
1-C, D, A, B ; 2-L'intestin grêle (il mesure 6 m en moyenne) ; 3-A.

p. 48-49

Le piton de la Fournaise
1-Non : il y a aussi le piton des Neiges (aujourd'hui éteint) ;
2-B ; 3-C ; 4-B.

p. 52-53

À quoi servent les fuseaux horaires ?
1-18 h en été, 19 h en hiver ; 2-C (compte tenu des pays d'outre-mer) ;
3-B ; 4-A.

p. 64-65

Une éolienne, comment ça marche ?
1-C ; 2-Les oiseaux et les chauves-souris (car ils peuvent se heurter à leurs pales en volant) ; 3-A ; 4-B (entre 10 et 100 m de haut, selon le modèle).

p. 70-71

Sous-marin en vue !
1-C ; 2-C ; 3-C ; 4-B.

p. 84-85

Le premier tour du monde
1-C ; 2-L'Amérique du Sud ; 3-A ; 4-A.

p. 100-101

Les drones à la conquête des airs
1-B (le mâle de l'abeille) ; 2-A (avec les guerres de Corée et du Viêt Nam) ;
3-Actuellement, au maximum, une quarantaine d'heures ; 4-Jusqu'à 15 à 20 km au-dessus de la surface terrestre.

LES ANIMAUX DU MONDE

p. 108-109

Mammifère mystère
Le seul mammifère est l'ornithorynque (image n°6).

Intrus dans la toile
La bonne araignée est celle qui a 8 pattes. En effet, au contraire des insectes qui ont 6 pattes, l'araignée en a 8 et appartient à la classe des arachnides.

Mâle et femelle
L'escargot est l'animal hermaphrodite.

LE CORPS HUMAIN

p. 110-111

Chasse aux poux
Louis a 89 poux sur sa tête !

S.O.S. : os cassés !
Voici les os reconstitués : cubitus (os de l'avant-bras), fémur (os de la cuisse), tibia (os de la jambe).

Super quiz
1-A ; 2-B ; 3-C ; 4-B ; 5-C.

LA TERRE ET L'UNIVERS

p. 112-113

Tour du monde

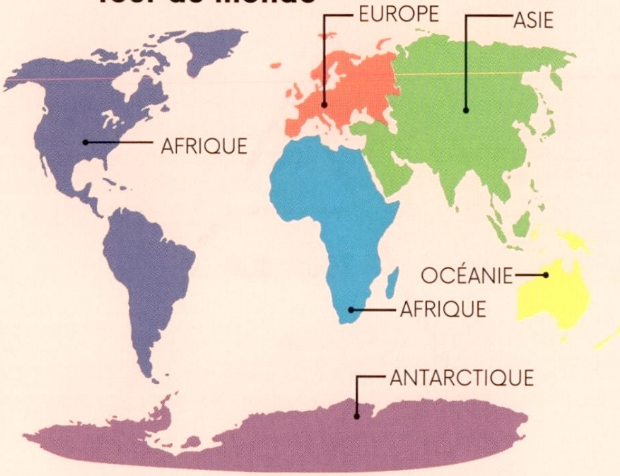

Message secret

Le plus grand volcan du monde est le Mauna Loa et se trouve sur l'île d'Hawaï. Il culmine à 4 170 mètres d'altitude.

FASCINANTES INVENTIONS

p. 114-115

Tous à bord !

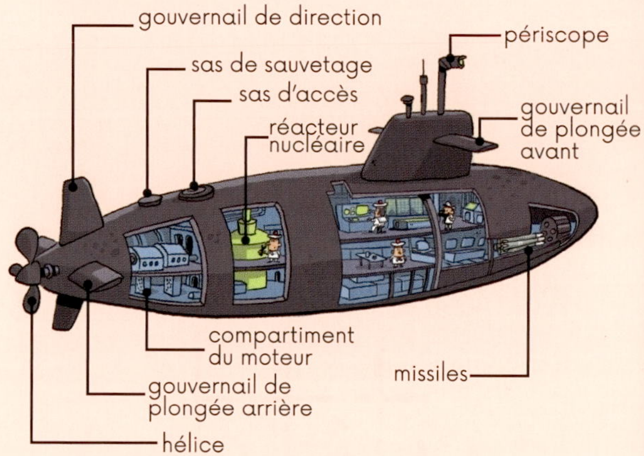

Sacrés inventeurs !

Alfred Nobel : la dynamite ;
Alexander Graham Bell : le téléphone ;
Richard Trevithick : la locomotive.

Panique au labo

Le flacon qui contient la pénicilline se trouve en bas à gauche : 

L'HOMME DANS L'HISTOIRE

p. 116-117

Questions d'Histoire
1-a ; 2-b ; 3-c ; 4-b.

Cette année-là...
Christophe Colomb a découvert l'Amérique en 1492.

9	2	1	4
1	4	9	2
4	9	2	1
2	1	4	9

Un grand voyageur

INCROYABLE, MAIS VRAI !

p. 118-119

Une grande dame
La tour Eiffel mesure 300 mètres de hauteur.

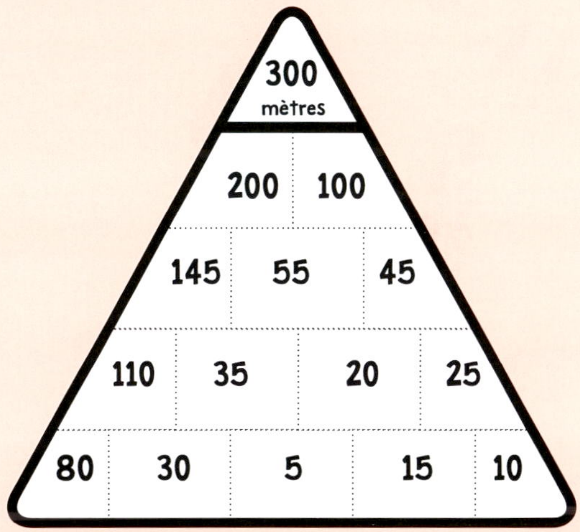

Indéchiffrable ?
Selon une étude scientifique, l'ordre des lettres dans un mot a peu d'importance, la seule chose qui compte est que la première lettre et la dernière lettre soient à la bonne place. En fait, ton cerveau ne lit pas chaque lettre elle-même, mais le mot comme un tout.

Père Noël, où es-tu ?
Le père Noël vit en Laponie.

Petit GLOSSAIRE

AÉRODYNAMIQUE

On dit d'un objet qu'il est aérodynamique quand sa forme est étudiée pour mieux circuler dans les airs.

APARTHEID

Période en Afrique du Sud durant laquelle la minorité blanche interdisait certains droits et accès à la population noire.

ASTRONOME

Savant qui étudie les astres, c'est-à-dire les étoiles et les planètes de l'Univers.

ASTROPHYSICIEN

Savant qui étudie le fonctionnement des astres à travers les disciplines de la chimie et de la physique.

BÉSICLES

Ancêtres des lunettes, sans branches, qui se fixaient au nez.

DIAPHRAGME

Muscle sous la cage thoracique qui se contracte et s'abaisse lorsqu'on inspire et se relâche lorsqu'on expire.

DICTATEUR

Personne qui dirige un pays en s'attribuant tous les pouvoirs et en privant la population de certaines libertés.

EMPEREUR

Titre donné dans certains pays ou à des époques particulières de l'histoire au chef d'un territoire (appelé alors « empire »).

FOSSILE

Ce qui a vécu et existé dans le passé et dont les restes et les empreintes ont été transformés en pierre. Par exemple, un os de dinosaure.

GAZ À EFFET DE SERRE

Gaz présents dans l'atmosphère terrestre qui permettent de maintenir la Terre à une certaine chaleur. La pollution augmente leur concentration et provoque le réchauffement climatique.

HORMONE

Substance qui circule dans ton sang et agit sur les organes de ton corps.

MAMMIFÈRE

Animaux dont la principale caractéristique est que les femelles nourrissent leurs petits avec le lait qu'elles produisent.

MARÉE

Mouvement des mers et des océans dont le niveau monte ou descend (avance ou recule sur le rivage).

MOLÉCULE

Particules (éléments) microscopiques, de petits grains de matière invisibles à l'œil nu.

ORBITE

Trajectoire que suit, par exemple, une planète en tournant autour du Soleil.

OUÏE

Sens qui nous permet d'entendre (grâce aux oreilles). Nous avons 5 sens avec la vue, l'odorat (pour sentir), le goût et le toucher.

PESTICIDE

Substance chimique qu'on met au jardin ou sur les champs pour lutter contre les ravages des insectes ou des mauvaises herbes.

PHILOSOPHE

Savant qui réfléchit sur la place de l'Homme dans l'Univers et le sens de la vie.

RÉTINE

Membrane située au fond de ton œil qui fonctionne comme une sorte d'écran sur lequel se forment les images que tu regardes.

SATELLITE

Objet en orbite (qui tourne) autour d'un autre. Il en existe des naturels, comme la Terre (qui tourne autour du Soleil), ou des artificiels (construits par l'Homme), comme ceux qui prennent des mesures météorologiques.

SÉISME

Tremblement de terre.

SYSTÈME SOLAIRE

Ensemble des astres (planètes, étoiles, comètes...) qui gravitent (sont attirés et se déplacent) autour du Soleil.

TENDON

Elément qui relie tes muscles à tes os et leur permet de bouger.

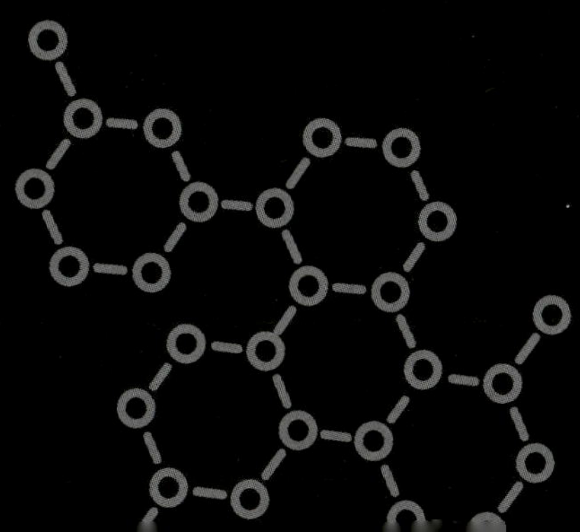